U0071999

圖解 魅力學

人際吸引法則

An Illustrated Guide to
Study of Glamorous
Dr. Jackie Chien

法學博士
錢世傑 ——著

目錄
CONTENTS

1 緣起

1 男人女人大不同

演化生物學是生物學的一個基本學科，達爾文的「物競天擇」許多人耳熟能詳。但本書不想從學說的爭辯中開始，而是從一個簡單的概念——生物的本能在於追求繁衍後代、避免滅絕，所以需要增加自己的魅力，追求更多繁衍的機會。這個概念同樣適用於人，男人女人在演化的過程中，逐漸發展出不同的特徵，像是男人要大量播種，女人則是尋找溫暖安全的窩。這樣子的描述方法彎具有野獸的特性，很多人或許會感覺不舒服，但如果從這個角度思考許多人類的行為，就會發現還真的有那麼一點道理。

先來說說女人，女人擇偶時，非常清楚自己的需求，所以會偏愛有資源、能力強的異性。伴侶必須有能力建構穩定巢穴，好讓下一代在孕育、發展過程中可以順利成長。因此，尋找可以長期穩定發展的男人——愛家、有經濟能力當然就是首選。

這也是早期較為貧困的日子中，王夢麟的代表歌曲「阿美阿美」歌詞中唱著「只要妳陪我作伴，包妳白白又胖胖」，做為吸引女性的因素。只是現代人吃得比較好，肥胖已經是一大困擾，若是再用白白胖胖當作吸引異性的誘因，恐怕效果會大打折扣。

　　有些男人也喜歡在女性友人面前彎下身，逗弄可愛的小孩子，因為這樣子的行為若能讓心儀的女子看見，也暗示他是一個能夠建造下一代穩定成長環境的男人，符合物競天擇發展後女人的天性。當然也不能單純從繁衍的角度，來想像這名男子行為背後所代表的意義，也有可能這位男性就是一位天生的「暖男」，很有愛心、喜歡照顧弱勢，看到小孩子當然會好好照顧。畢竟保護族群的安全才能確保族群的繁衍，因此照顧弱勢當然也是天性之一，只是看你要從哪個角度切入觀察。

好想有一個溫暖的窩

接著再來談談男人。

男人與女人不同，男人的工作就像是播種的機器，為了達到有效率的播種目標，男人必須要找到能刺激他快速完成播種行為的女人。因此，能刺激下半身的女人就是好的女人，這也是「男人是用下半身思考的動物」這句話的由來。但也不全然如此簡單，更深層的思考是為何能刺激下半身呢？有時候並不一定是性慾，而是身材好的女子代表可以繁衍健康的下一代；這會透露一個訊息給男人的大腦，該名女子通過適合繁衍的門檻，快點去追求吧！

或許讀到這裡會發現，很多論點似乎有點矛盾。既然女性會謹慎觀察，男性則是隨便就上，那麼男人想上，女人卻未必想被上，不是矛與盾嗎？答案其實不難，男人比較會尋找多重目標，用很粗糙的技術追求女性，以加速播種的機率與速度。但如果男人用的方法是發傳單，問每個女人說：妳願意跟我做愛嗎？相信99.9%的女人都會拒絕，而前面論述的男女最大的交集就是「金錢」，吃好的、用好的、穿好的，因此男性還是必須花些巧思，讓女性感覺到穩定與成長，甚至於許下承諾，才有可能提高女性接受的機率。

2 迷人的行為經濟學

> 剛下班馬上興奮地鑽研一項知識，
> 一抬頭才發現已經半夜兩點，
> 恭喜你，已經具備成功的能力了。
>
> 如果是一回家馬上玩手機遊戲，
> 一抬頭卻發現已經半夜兩點，
> 恭喜你，已經具有回收的資格了。

很多人驚訝我這一位法學博士，怎麼突然跳到魅力相關的領域，其實沒差那麼多，瞭解我在相關領域的耕耘，大概就能瞭解如何從法律、資訊、理財跨足魅力關係的領域。實際上，我的下一步將是親子教育、職場發展。

說說這一些轉換的經驗，也許可以給各位做個參考。

當初為了處理國家考試法條記憶的問題，花了幾年研究記憶的相關書籍、研究論文，結果居然把大腦研究的書籍、論文看得差不多。運氣很好，這些領域的發展剛好是近 10 年的趨勢，循著心理學、行為經濟學，一路來到大腦神經學，出版了一本「法律記憶法」後，發現這一套理論對於投資理財也有幫助。

因為學習投資理財的知識不會太難，我常常對學員說：好

好學，6個月就可以成為中階高手，大約3年可以學會大多數的分析技巧，成為真正的高手。可是即便成為高手中的高手，也還是會賠錢，最大的關鍵在於心性的修練，而大腦的研究剛好可以解決這一塊問題。換言之，瞭解自己並承認自己的缺點，才是成功的第一步。

所以我利用過去研究大腦的基礎，開始研究人類的投資行為與缺失，例如人為什麼會賺一點就跑，賠很多反而不斷地攤平買進，後來在康尼曼的「展望理論」中找到了答案。原來早就有學者進行類似的研究，接著再以類似的方法逐漸從學者的研究中找到人為何無法存錢、喜歡花錢的原因，只要找到了原因癥結點，就能找到解決之道。慢慢地，建立起我的「理財幼幼班」課程的內容，在北中南各上過一些場次，反應不錯，也已經將該書付梓出版。

開發完投資理財的教材，常常會分享給大學學生，或者是演講場次的聽眾，看看這些聽眾對新開發的教材反應如何？在多次的試驗後，偶然在講授理性、感性的思考應用時，談到如何碰觸他人的上臂，透過感性的傳達改變理性的思考，反應非常熱烈。

現場學員有許多的分享與回饋，發現相同的大腦原理，也可以應用在人際關係方面。而且從學生的熱烈反應中，瞭解這個市場的需求是很龐大的。但我並不是講一些自己的經驗，因為光談經驗恐怕不適用於大多數的人。閱讀本書，必須要先知

道書籍中的討論與案例是以學術理論為基礎，由許多國際知名學術機構所做的實驗成果，建立一些人類行為模式的規則，並透過實證方式來應用與確認，再整合為書的內容。與很多人際關係大師只著重於實戰案例卻欠缺學術研究的基礎，或者是介紹了許多學術上的實驗成果，卻不太敢進行實證的教授，而我希望透過兩者的結合，讓大家看到不同的面貌。

畢竟，創新必須打破既有規則，才能帶來更美好的內容。

3 將你的大腦更新到2.0版

在「理財幼幼班」一書中，曾經引述一名資深投資客對於常見缺失的描述：「許多人都有一個不好的習慣，就是看到黑影就開槍、看到利多就高潮。」人類就是這樣子的動物，容易把看到的現象建立「規則」，或許我們無法做出很嚴謹的研究，但我們可以多找一些資料，改變我們大腦中看到黑影就認為有壞人，看到利多就以為一定賺錢的既有規則。

在此給各位一個建議：不斷地找資料驗證，不斷地改變自己的想法，新的想法建立新的思考規則。

但是修改規則談何容易，大多數的朋友都不知道自己的大腦中存有許多落伍的規則。因此，想要改變自己，就必須從重新認識自己的大腦開始。電影「露西」提到了人腦的使用率偏低，如果人腦可以使用到100%，會達到什麼境界？或許我們

無法讓大腦超頻，但我們至少可以看看大腦的使用手冊，如何正確利用這副放在我們脖子上，比現在最強的超級電腦還強上許多的人腦，怎麼樣才可以正確地發揮效益。

還記得剛開始閱讀大腦研究的書籍時，有許多有趣的實驗，每個都讓我訝異不已。但這些還不夠，因為很多都只有結果，大腦究竟為什麼會如此決定的原因卻找不到。即使透過核磁共振造影的技術（Magnetic Resonance Imaging，簡稱 MRI），也只能知道大腦反應的部位，但到底為什麼會這樣子反應，恐怕還需要學習更多領域的知識。未來，透過跨領域的整合，才有可能得到解答。

< 結 論 與 建 議 >

◎ 行為經濟學，是近幾年來認識人類行為的一門重要學科。

◎ 從生物演化輔助分析人類的行為，發現很多功能都是以物種繁衍、生存為出發點，有助於解開許多我們所未知的疑惑。

◎ 過去對於人際關係的認識，都是靠既有的知識與經驗架構起來，讓我們得以認識不同學術領域上對於人類行為的分析，也讓我們能更認識自己。

Note

2 認識系統一系統二

1 從「正義／一場思辨之旅」開始

「理財幼幼班」一書中，提到我在大學上課或對外演講的時候，常放一段「正義／一場思辨之旅」的影片，以此做為上課或演講的起頭。

這一段影片，長度大約12分鐘[1]，透過哈佛大學Michael Sandel教授與學生們的互動，讓一個古早的哲學問題，在學生的大腦中產生激盪，「犧牲少數、成就多數」的原則，會因遇到不同的情境，而產生不同的選擇。影片可以讓學生瞭解系統一（感性）與系統二（理性）的運作方式如何影響我們的判斷。

名稱	相關概念	舉例
系統一	感性、直覺、潛意識	催眠是潛意識的溝通
系統二	理性	「星際爭霸戰」的史巴克

---

[1] Michael Sandel講授的正義課，是哈佛公開的開放性課程，網路上有許多版本，也有中英文對照版，http://youtu.be/Y4HqXP47lPQ。

放這段影片是要讓學生瞭解到相同情境為何會有不同的決定，透過影片中Michael Sandel教授與學生的互動，讓學生找出自己的矛盾根源。這是一個開放性課程，相關內容都在網路上，但因為上課時間的關係，只選擇播放這12分鐘的片段，內容要點如以下表格順序：

（以下不涉入法律討論）

1	假設自己是火車駕駛員，火車直直開會撞死5個人，轉一下火車轉換器，就可以選擇將車子切換到別條鐵軌（撞死1個人的鐵軌），而救活了5個人。
2	第二種情況，自己是路邊天橋上的路人，火車一樣失控，可以選擇推下天橋上的胖子去撞火車，以阻擋火車前進，救前面5個人，但胖子會死。（這時候有學生認為胖子是第三者，也有人認為不能親手推他下去）
3	Michael Sandel教授調整不能親手推胖子下去的假設，改變成另外一種情境，剛好手邊有一個旋轉開關，轉一下就可以讓胖子掉下去。
4	（有些學生會主張在天橋上沒義務，教授又舉出下列有救治義務的狀況）一間醫院有6個人遭受嚴重的火車事故，快死了，放棄救治其中1人，可以救活其他5人。
5	隔壁有一位健康檢查的病患，身為醫生可否為了救這5個人，殺了隔壁這一位健康的人。

　　為何讓一人死救活多數人的原則，會因為不同的情境而有不同的選擇？這件事情不僅讓學生困擾，我也一直找不到答案。把Michael Sandel教授的相關課程看完後，發現居然也沒有公布答案。這位哲學教授是希望學生進行思考，但沒有答案的結果卻讓我困擾不已，於是我決定買他的書，在看完整本後，我有了一個結論……書和影片一樣，沒有答案。

　　最後，我只能安慰自己這就是哲學課程，與法律課程一樣，喜歡漫無邊際地思索人生大道裡。不過，努力追求真理的我，總算在其他領域的書籍中找到了答案，就是系統一（感性）干擾了系統二（理性）之運作[2]。

---

[2] David Eagleman，《躲在我腦中的陌生人》，第152-159頁。

2 | 艦長30分鐘的決定

前面的例子，一時還無法有效地讓學生或聽眾理解感性與理性的運作。我有時候也會舉一個航空母艦發射巡弋飛彈的例子：

假設一個情況，當恐怖組織準備引爆核子彈，你是美國航空母艦的艦長，有30分鐘的時間考慮是否按下巡弋飛彈的按鍵，精準射中恐怖組織的地下基地，拯救了100萬居民，但同時這枚巡弋飛彈也將會造成1,000名無辜平民死亡，你是否按得下去？

要救1,000名無辜百姓，還是救100萬人？

選項1	按下飛彈，殺光殘忍的恐怖組織成員，無辜平民死傷1,000人，救活100萬居民。
選項2	不按下飛彈，1,000人無辜平民不會因為飛彈而造成死傷，但有100萬居民因此喪生。

這麼簡單的事情，你還要想很久嗎？

我根本等不到30分鐘，就決定按下巡弋飛彈的發射紐，因為這是很理性的選擇。但實際上是因為完全沒有感性的因素干擾我，如果在我面前的不只是冰冷的按鈕，而是可以看到當地人生活的情景，父慈子孝、全家和樂融融，甚至看到你的女友就在現場，這可能會影響理性的判斷。（如果是前女友，可能更快按）

回到剛剛的火車失控案，天橋上的人為何不肯將胖子推下去，卻願意將車子轉到另外一個鐵軌上；更有趣的是，在天橋上不肯推，但如果天橋上有個類似於汽車方向盤的工具，稍微轉一下，讓胖子掉下橋，擋住火車救了5個人，似乎又是可行。這種A情況的時候，「犧牲小我、完成大我」的原則存在，但是轉換到B情況的時候，產生不適用的矛盾現象。問題的關鍵在於碰觸或近距離感受到胖子的存在，大腦就會受到情感的干擾，進而影響了理性的判斷，而容易做出不理性的決定。

3 雙系統運作的不可感知性

臉書上曾經問一個很有名的數學題：假設球棒與球加起來是 1.10 美元，球棒比球貴了 1 美元，請問這顆球多少錢？

很多人會回答 0.1 美元。

很不幸地，這個答案是錯的。看著學生失落的眼神，我通常都會安慰他們，答錯了沒關係，代表你們和哈佛名校內一半學生程度一模一樣，因為這個實驗是針對幾所名校學生所做的實驗，而大約有一半的學生都答錯。

0.1 美元，這樣子的回答就是直覺式的思考，其實當有人問我一些考題的時候，大腦的警覺系統就會暗中提醒自己，這應該是有陷阱的題目，沒有想像中簡單，請不要用直覺解答。接著，只要用理性思考，像是這一題，用聯立方程式計算一下，就會發現球棒是 1.05 元，球是 0.05 元，讓我們看看正確的算式：

X 是球棒，Y 是球

$$\begin{cases} X + Y = 1.1 \\ X - Y = 1 \end{cases}$$

$$2Y = 0.1$$

$$Y = 0.05，X = 1.05$$

當然答對的人也不少，畢竟系統一的直覺是快速的，立即就能端出答案，但是直覺很容易受騙，產生錯誤答案。所以當你發現答案是直覺產生的，最好的方式就是回到理性思考的系統二，好好地再驗算直覺蹦出來的答案[3]。訓練直覺，是為了能快速解決問題，但直覺的訓練必須建構在正確的資訊基礎上。所以當別人問我這個棒球與球多少錢的問題時，我並沒有直接跳入系統一回答，因為直覺告訴我有陷阱，直接轉入系統二計算。

讓我再舉一個很知名的例子，稱之為Stroop Test。藉由文字與顏色的矛盾感，更能體會出系統一與系統二的運作。請參考封底摺頁的彩色文字圖表，依序完成以下二種訓練：

❖ 第一項訓練：唸表格中文字，從左上角第一個字往右唸，

　　　　　　　唸完換下一行

　　　　　　　黃紅綠黑藍⋯⋯依序唸出來，很順利

❖ 第二項訓練：唸表格中文字的顏色

請從第一行左邊開始大聲地唸出字的顏色，大聲朗讀的效果比較好，從左上到右下，依序唸到最後一行，例如紅色、黑色、綠色⋯⋯，然後你會發現唸的過程受到許多阻礙。

---

[3] 針對哈佛大學、麻省理工學院、普林斯頓大學，以此問題詢問學生，50%以上的學生給了直覺且錯誤的答案。入學申請難度更低的學校，錯誤率更是高達80%以上。參考《快思慢想》，第70頁。

黃	紅	綠	黑	藍
藍	綠	黑	黃	紅
黑	黃	綠	紅	藍
紅	黑	藍	綠	黃
黑	紅	黃	綠	藍

（請參考封底摺頁圖）

因為系統一的大腦看見左上角第一個「黃」色的黃字，系統一的直覺上就要喊出黃色，但是系統二仔細辨識後發現這個字的顏色是紅色，又要喊出紅色，大腦中的兩個系統的判斷產生衝突，所以速度會愈來愈慢[4]。尤其是有許多顏色與文字意義相符、有些則不相符，彼此交錯會導致系統一與系統二的衝突不斷，讓系統的運作愈來愈慢。

為什麼不是只擁有系統二（理性）的思考能力即可？

主要是效能與速度。

如果只有系統二，凡事都要有意識的思考，我們的大腦活動必定不堪負荷[5]。所以透過系統一所建立的各種隱性規則運作，像是學會騎腳踏車後，你就不會再思考說當腳踏車左搖右晃時該如何用雙手調整平衡，大腦自動會進行反應[6]。再舉一個

---

[4] Phil Barden，《行銷前必修的購物心理學》，第22-23頁。另外類似的考題像是5台機器5分鐘可以製作5件衣服，請問100台機器製作100件衣服，需要幾分鐘？答案不是100分鐘，而是5分鐘。

[5] Matthew Hertenstein，《以貌取人，再也不會看錯人》，第34頁。

[6] 網路上有人將腳踏車反向設計，讓學會騎腳踏車的人無法騎超過3公尺，http://www.dailyliked.net/backwards-brain-bicycle/。

玩俄羅斯方塊的例子，如果是第一次玩的人，大腦必須要很努力地運作，才能應付快速變化掉下來的方塊，但是等到玩習慣了，從核磁共振設備中可以發現大腦幾乎是平靜無波，低效能但依舊有高效率。

九把刀劈腿事件曝光時，他曾經說過一段話：「很喜歡女記者，但希望我的未來是我女友。」很喜歡女記者，是系統一（感性）的衝動操作，但是「希望我的未來是我女友」，則是回歸到系統二（理性）思考，認為不能背叛女友，兩人已經牽手走過這麼久的時光，徒然放棄的沉沒成本太高。

4 輕碰上臂的神奇魅力

剛瞭解大腦的系統一與系統二的運作後，對於實作派的人來說，就該找個機會來驗證一下。或許有些人還沒搞懂，到底可以驗證什麼？哈佛大學 Michael Sandel 教授在開放性課程中的火車失控案，人們為何不太願意把胖子推下天橋？是因為兩人很接近，甚至有接觸的行為嗎？是的，接觸的情感讓他人不自覺地改變了理性的決定。

讓我們來看一下選舉的情況，候選人要與民眾握手，如果是雙手緊握對方，代表著熱情、懇託。但這樣子還不夠，我通常會建議與人握手時要觸碰對方的上臂外側。

有研究認為這是一種特殊的生理途徑，透過這種生理途徑，可以把無意識的社交聯繫感，經由碰觸帶來的愉悅感，透過皮膚（特別是臉部和手臂的皮膚）傳遞到大腦的腦島皮質部位，而這些部位與情緒有關[7]。所以團體運動競賽上場前，都會讓選手圍個圓圈，然後大家伸出右手相疊，大聲高喊著「加油！加油！加油！」來激勵士氣；知名的籃球選手林書豪也有所謂的「功夫打氣法」，透過肢體碰撞帶來上場的信心。這都是一些透過肌膚接觸把社交聯繫感傳遞到大腦的具體方式。

　　也有認為這是跟性與地位有關係，輕輕碰觸，碰觸者給人一種地位較高的感覺。如果遇到地位高的人稍加碰觸，會感覺這個人比較有吸引力，因為從演化的角度來看，那些地位高的男性是理想的配偶，可以給予下一代更好的成長環境撫育[8]。

奇怪！有一種被保護的好感。

---

[7] 科學家發現人類皮膚，特別是臉部和手臂的皮膚，有一種特殊的神經纖維，專門傳送社交碰觸帶來的愉悅感。社會神經學家阿道夫（Ralph Adolphs）表示：「這些神經纖維直通大腦中的腦島皮質等部位，而腦島皮質正與情緒有關。」參照 Leonard Mlodinow，《潛意識正在控制你的行為》，第 187-188 頁。

[8] Richard Wiseman，《怪咖心理學2》，第 147 頁。

18

但無論傳遞的方式如何進行，個人偏向以「記憶」來解釋這個現象。上臂外側代表著一種孩提時代父母把你摟抱在懷中的溫暖記憶，因而上臂外側被碰觸的時候，通常就是你最安全與溫暖的時候。長大有了男（女）朋友，兩人緊緊擁抱的時候，也常會碰觸到上臂，所以在記憶中，這是一塊溫暖、安全的記憶區，屬於潛意識「系統一」的感性感受。就算利用「系統二」的理性思考，被碰觸者並不清楚碰觸上臂會改變什麼，但實際上就是會發生改變。

身體不同的地方會有不同的記憶，例如女人從小被灌輸懷孕不能碰肩膀，小心會流產，所以對於有些女性而言，碰肩膀會產生不舒服的感覺。此外，也千萬不要亂碰別人的背，這在記憶中可不是什麼好事情，尤其是喜歡打麻將的人，深信碰了背就會輸錢。

這樣子的論點有學理上的依據嗎？

康乃狄克大學的Jeffrey Fisher教授和其同事，在1976年進行了一項指標性的研究。其要求圖書館的男女員工，在借還書的過程中，不經意地碰觸一下借書人，接著針對借書人進行調查，瞭解其對於圖書館館員的評價。

讓我們來看一下詳細的研究數據[9]：

	男館員		女館員	
	有接觸	無接觸	有接觸	無接觸
男讀者	63.13%	61.20%	72.44%	62.08%
女讀者	69.80%	62.53%	70.23%	66.75%

結果發現了一個很有趣的結果，只要是異性相碰觸，都會在碰觸後大幅度提高對於圖書館服務的評價；若是同性的碰觸，雖然沒有很明顯的提升，但至少也有小小的上升。

其他還有很多實驗，像是飯店員工碰觸客人的手臂，可以從沒碰觸的11.5%的小費，提升到2秒碰觸的14.9%，以及4秒碰觸的14.7%的小費；如果是針對顧客是男性與女性的因素，也都有提升，男性客戶從10%的小費提升到14%，女性客戶從12.6%的小費提升到15.5%；比較有趣的是年齡的效果，如果碰觸的是比較年輕的客戶，小費的比例從10.9%提升到17.7%，但若是比較老的客戶，則僅從11.9%到13.7%。換言之，可以鼓勵飯店員工碰觸一下顧客，就可以享有更高比例的小費，尤其是年輕的客戶[10]。

[9] Dr. David Lewis，《消費行為之前的心理學》，第113-114頁。或請參照原研究 "Evaluative Reaction to Interpersonal Touch in a Counseling Interview"

[10] Reach out and touch your customer，http://www.tippingresearch.com/uploads/Reachout.pdf。Leonard Mlodinow，《潛意識正在控制你的行為》，第186頁。

　　法國研究者做了一項兩性方面的實驗，分別尋找了120位與240位的受測者進行兩項實驗。第一項實驗是在2004年的7月間連續3個星期，隨機在凡尼斯（Vannes）的夜店中找了120位18到25歲的女性，在輕柔的慢歌聲背景中，詢問受測對象是否願意與之跳舞。未碰觸身體的情況下，43.3%願意跳舞，但是若碰觸身體後，則提高到65%；第二個實驗則是要求受測女生提供電話，未碰觸身體的情況下，10%願意提供，但是若碰觸身體後，則提高到19.2%[11]。

實驗一		實驗二	
未碰觸	碰觸	未碰觸	碰觸
43.3%	65%	10%	19.2%

　　總之，或許你對於碰觸的效果產生質疑，但是從上述這些實驗可以發現，人與人的碰觸行為，可以不經意地改變對於一定事情的看法，而且不必碰觸太久，只要輕輕地碰觸就可以達到效果。如果不信，反正不必花任何錢，隨時隨地試試看，說不定可以有效改善人際關係喔！

---

[11] Courtship compliance: The effect of touch on women's behavior，http://nicolas.gueguen.free.fr/Articles/SocialInfluence2007.pdf。Richard Wiseman，《怪咖心理學2》，第147頁。

5 | 提高人際關係的小技巧

以上的理論當然也可以套用到兩性交往上。如果一位女生跟你剛開始交往，好像喜歡、又好像不喜歡你，也就是說只有不排斥的感覺，你該如何運用前面所說的碰觸上臂，提高對方對你的好感呢？

很簡單，就是創造碰觸的機會。

當然，光是創造機會就讓很多人煩惱了。建議可以找到一條馬路，往來車輛不要太多也不要太少，剛好可以帶領她過馬路，而且又可以很紳士地輕觸其上臂，帶著她安全過馬路。這樣子的短暫接觸，就可以讓其記憶中好的印象與你產生連結。

反之，女生該如何避免被這種技巧改變呢？可以隨時注意別人是否有不經意碰觸自己的行為。當然這並不是壞事，像我都會跟學生說明這個行為所代表的意義，簡單的碰觸有助於提升彼此的信任感。不過，當你瞭解這個變化的過程，就是重新回到自己的掌控，要利用系統二（理性）來避免系統一（感性）不受控制地做出決定。

當你實際運用此一原理時，你會發現不好操作。如同照片中的男子，腦中一定很困擾地想：「我現在可以碰觸這位女孩子的肩膀嗎？」請比女孩子前面兩步，幫她確認有無來車，就可以有機會轉身輕拍其上臂。反之，如果是在後面兩步，變成「拍打」的感覺，那就比較沒有效果了。

6 凡事總是有例外

當我引用哈佛大學Michael Sandel「正義」主題的開放性課程，還是會有一些學生不會產生矛盾現象，在將電車轉彎、推胖子下去的問題中，可以採取兩者都做、或兩者都不做的選擇，與大多數人採取轉彎，不會推胖子下去的矛盾選擇而有所不同。如果是堅守「犧牲小我、完成大我」的精神，應該是會將電車轉彎，也會推胖子下去，但無論是此一見解或者是不會轉彎、也不會推胖子下去，會選擇這兩個選向的學生都是少數，而本書在這邊討論的是多數的現象。

多數學生	少數學生
會轉彎 不會推胖子下去	會轉彎 也會推胖子下去 （落實犧牲小我，完成大我）
	不會轉彎 也不會推胖子下去 （一切都是命）

Matthew Hertenstein 在《以貌取人，再也不會看錯人》一書中提到：你認識的某人行為違反特定統計趨勢，並不代表那項統計不存在。其提到一個長壽的規則，嚴謹自律的人長壽得多。但這一項定律也受到部分學生的質疑，總是能提出一些例外的狀況——「我認得一個活到九十五歲的老師，他是最不嚴謹的一個……」[12]。

我在課堂上也常發現這種現象，學生總是很熱情地提出例外的狀況。其實這是一個好現象，代表學生願意思考、也願意參與課堂活動，只可惜沒有抓到問題的核心。因為我問題的重點是大多數人都會這樣子做，這是一個普遍的現象，那我們該如何找到原因，並將之運用到實際的案例中。現象當然還是會有例外，而例外狀況並不是課堂上有處理的問題。

〈 結論與建議 〉

◎ 人類大腦為了快速計算，所以分成系統一（感性、潛意識）與系統二（理性、意識）的雙系統運作，很多非經過理性思考的自動化模組運作，可以降低大腦能量的損耗，加快問題的解決，像是腳踏車的練習，就是創造一種潛意識的反應模組，只要學會了騎腳踏車，就不必再瞭解是如何控制平衡度。

◎ 碰觸學，許多研究發現，透過簡單的碰觸可以讓彼此的關係更緊密。例如，輕拍對方的手臂，可以觸發對方潛意識中的溫暖、被照顧的記憶，有助於提升對方的好感。

---

[12] Matthew Hertenstein，《以貌取人，再也不會看錯人》，第 36-37 頁。

3 強化魅力的潛意識

1 | 300元與299元，哪一個比較便宜？

這一個議題，在「理財幼幼班」一書中有提過。

299元，理性的思考告訴我們與300元只差1元，也就是說300元與299元的價格差異，小到可以忽略其存在。所以兩樣價格差不多的商品，你會選擇哪一項？

如果不做任何比較，你可能還是會選擇299元，因為這是系統一（感性）的選擇。大腦在比較數字的時候，會先從百位數開始比較（有人稱之為「百位數效應」），並忽略尾數，當百位數字是2的時候，潛意識就會有一個2比3開頭還要便宜的想法。

光是「百位數效應」就讓我思考許久，原因在於「百位數效應」的力量對我而言難以抗拒，強大到雖然系統二的理性已經計算出300－299＝1的時候，也就是大腦很清楚地告訴自己，300元以及299元兩者只差1元，可是你還是在深層的潛意識中強烈地感覺299元比較便宜。

不僅僅是我自己有這種感覺，同樣的問題問過許多聽我演講的學員、大學的學生，發覺大家都有相類似的窘狀，系統一

25

（感性）的強大推力還是會讓你選299元的產品。正如同舊約創世紀記載，神對亞當及夏娃說園中樹上的果子都可以吃，唯「知善惡樹」上的果實不可吃，最後亞當與夏娃受不了誘惑，吃了那樹上的蘋果，於是上帝便把他們趕出伊甸園。

當你意識到潛意識這個傻大腦，居然在運作上會有這麼嚴重的bug，又該如何應對呢？請建立下述思考流程的「標準作業程序（SOP）」：

(1)轉換成一樣的數字：299元與300元，讓百位數字一樣，299元也就是300元找1元。

原本的廣告	修改後的廣告
299	300-1
300	300

(2)請完整開啟系統二（理性）思考，仔細比較兩者的內容：例如考量品牌的名聲，然後考量一些成分的因素，像是純果汁、純濃縮還原果汁、果汁口味的化學調和品。

大腦系統中預設的判斷流程過於簡單，猜測是因為要減低大腦能量的消耗，所以先比百位數字，是原始大腦的設定。如果能在百位數字就比較出大小，根本就不需要比較十位數字。

但是大腦的這一套潛意識中的程式運作，卻被店家充分運作。明明價格是1,000元，只要小小地犧牲1元，變成999

元，就可以讓消費者覺得買的東西還在三位數的範圍內，而非四位數字；甚至碰到舉辦滿千送百的活動時，消費者為了補足差額而消費更多商品。

2 就是為了抽到那支籤

抽籤，對於人性有強大的吸引力。

便利商店的飲料，常常看到第二件6折，如果是30元的飲品，也就是第二件只要18元，兩件原本60元，最後計算下來只要花48元，推知第二件6折，相當於兩件8折的意思。

無折扣			第二件6折		
件數	折扣	價格	件數	折扣	價格
第一件	無	30元	第一件	無	30元
第二件	無	30元	第二件	6折	18元
合　計	無	60元	合　計	8折	48元

明明是「兩件8折」，但業者還是喜歡稱之為「第二件6折」，因為6折在潛意識的判斷中遠遠比8折吸引人。所以即使你還沒進行系統二（理性）的思考判斷，但潛意識已經產生了一個接受6折的訊號，認定「第二件6折」很便宜，即使事後發現根本就是兩件8折，但既定的印象卻難以抹滅。

業者還喜歡搞一種花樣：「抽籤」，有機會抽到1折或1元，但通常抽到的都是沒什麼折扣感覺的89折（89%），很少機會能抽到1折或1元。因為人的大腦對於賭博這種行為很難抗拒（爆賺），這是一種對於未來美好機率的期待性，往往讓人失去了對於行為的控制。正如同我國樂透剛出來的時候，那可真是一股熱潮，連我每期都會買一下，看到各種中獎或差點中獎的故事，都讓我心癢癢的。

丹尼爾‧卡尼曼（Daniel Kahneman）本來是一位心理學家，在跨足了經濟學領域之後發表了「展望理論」（Prospect Theory），並於2002年獲得了諾貝爾經濟學獎的殊榮。其中提到了「確定效應」：處於收益狀態時，多數人是風險厭惡者；「反射效應」：處於損失狀態時，多數人是風險喜好者。

乍看起來這些論點有點空泛，讓我們來舉幾個例子，或許會更清楚此一論點的。

請在以下兩個問題組合中，各選出一個選項：

【問題組合一】	A：確定贏得$250元。
	B：25%機率贏得$1,000元，75%機率得到$0元。
【問題組合二】	C：確定損失$750元。
	D：75%機率損失$1,000元，25%機率損失$0元。

我曾經在臉書、LINE與學校課堂上詢問這個問題,大部分的人都會選擇A、D這兩個選項,部分的朋友選擇B、D(拚一下的性格),當然我也是選擇A、D。至於我個人為何會選擇這兩個,答案是⋯⋯不知道。但是大腦的運作結果就是挑出A、D,也就是展望理論最後推導出來的「確定效應」與「反射效應」,A、D是最多人選的組別,只能說我與大多數人一樣。

套用到便利商店的抽籤策略,當你已經確定要付出一筆金額買飲料的時候(損失狀態),即使抽到1折或1元的機率非常低,但大多數的人還是喜歡抽籤賭賭看,這是一種對於未來不可預期的期待感,以及因為抽到大獎時的高度愉悅感[13]。

抽到了89折,實際上付出了53元,比兩件8折的48元還多出了5元。所以,個人猜測業者使用抽籤的利潤,應該遠高於「第二件6折」的利潤。除了利潤方面,抽籤引發的購買慾望,應該遠遠地超過很明確的折扣數,這也是業者比較喜歡使用抽籤來吸引買氣的原因。

---

13 2014年8月27日,中天新聞早餐組合、抽籤折扣超商精算定價玄機,
http://youtu.be/wb-26hhc4Jo。

3 抽機車鑰匙的遊戲

回想起抽機車鑰匙的年代，這是一個可以進行跨校聯誼、也適合校內聯誼的有趣活動。在玩之前有高度期待感，抽完籤確定之後，充滿了幾家歡樂幾家愁的悲歡落差。

過去騎機車的大都是男生，10輛機車的鑰匙放在桌子上，對於抽鑰匙的女生，以及被抽機車的男性車主而言，都是一種不可預期的未來，每個人都希望載到心儀的女生，或是希望被大帥哥載，這也是抽機車鑰匙最吸引人的地方。

但是，若您上網Google搜尋一下「抽機車鑰匙」的關鍵字，會發現許多留言。大多是抽到悲慘的「籤王」，也就是所謂的龍王龍女，其內心的感觸，都讓人會心一笑。

「籤王」，感覺跟89折一樣。

當手伸進籤筒，充滿期待能抽到1折，結果卻只有抽到89折，感覺就很想要「擺爛」，也就是說89折太讓人失望了。但可否回到原點，把購買的東西放在櫃檯不想付錢、默默離開？抽到籤王也是一樣，可否藉尿遁不要參加這場聯誼？但這種對於未來不可預期的期待感，以及因為抽到大獎時的高度愉悅感，還是會牽引著自己不自覺地想要抽籤，畢竟還是有機會。

所以，要增加兩性活動的參與度，如抽機車鑰匙之類的抽籤活動，這是很值得參考的方向。只是如何維持公平性，如何

讓某位老是抽到籤王的朋友，當連續抽到兩次籤王時，可以第三次直接升級先抽不含籤王的籤，或者是承辦人就是專屬於籤王，這也是不錯的選擇，讓活動更有人性。

4 聞衣服味道的交友活動

　　抽機車鑰匙的聯誼活動雖然行之多年，但在追求創意的年代，似乎又俗氣了一些，因此又有新的活動模式不斷地推陳出新，像是「費洛蒙聚會」（Pheromone Party）就是一例[14]。參加單身派對的朋友把晚上睡覺穿過的衣服放進袋子裡，袋子上隨機編號，然後讓參加的人聞一聞衣服的氣味，選擇一個想要約會的編號。當然，這不是一個實驗研究，但倒是有研究顯示，身體最對稱的男子所穿過的T恤最好聞，正處於高排卵期的女性受測者，特別喜歡對稱男子所穿的T恤[15]。

---

[14] http://www.pheromoneparties.com/。

[15] Matthew Hertenstein，《以貌取人，再也不會看錯人》，第146頁。

這些現象應該是人體在排汗的時候，內含的化學物質——費洛蒙（Pheromone），由膽固醇等油脂轉化而來，有些有特殊氣味，有些則完全無味，會飄散在空氣中，這種神奇的物質，激發人與人之間的情感，並且不自覺地引發異性的求偶衝動。此一實驗結果早就為眾人所知，所以搜尋關鍵字「費洛蒙」，可以看到有許多香水產品以此為名，至於效果如何，就請讀者自行參酌，我個人並沒有擦過這類型的香水，聽說不太好聞。

畢竟人類為了繁衍下一代，讓生命體不至於因為不追求異性、交配而導致滅絕，所以會透過各種掃描的功能，挑選優質的對象，如果挑到不好的對象，那可能無法順利發展出品質更好的下一代。從進化理論來看，這些判斷標準已經隱藏在我們大腦中的規則，而且自動地無意識運行，身體健康男子的費洛蒙（Pheromone）氣味應該就是隱藏性的判斷標準之一，只是這種偵測器是直接由系統一直覺進行判斷，如果由系統二的理性分析，恐怕根本不知道該怎麼分析。

有個實驗顯示，讓受試男性觀看一些女性的照片，選擇出最喜歡的女生。其中一位女生有配戴瞳孔放大鏡片，瞳孔放大顯示著女性處於發情的狀況，而實驗結果也顯示配戴瞳孔放大鏡片的女生比較受到歡迎。但這位女生並不是特別漂亮，我相信這也是為了繁衍後代的結果，因為瞳孔放大代表著一種性興奮的狀況，人的潛在偵測器可以看到這個現象，然後讓大腦產生這是可交配對象的回應。

綜上，被對方所吸引住，到底是什麼原因一見鍾情，有可能只是對方的費洛蒙味道，也可能只是對方戴了瞳孔放大片，瞭解了這些道理後，會發現列出對方基本條件評分，再決定是否成為自己的人生伴侶。

〈 結 論 與 建 議 〉

◎ 透過理性分析，可以避免一些廣告行銷手段。

◎ 透過一些抽籤的方式，可以讓活動更具吸引力。反之，抽籤活動也會讓你失去判斷力，選擇一種對你不較不利的結果。

4 建立有魅力的品牌形象

1 豆豆先生居然是牛津博士

　　台灣與中國大陸是很多世界知名產品的代工廠，中國大陸因為對於智慧財產權的保護比較沒有落實，有許多白牌產品流落世間，也就是代工業者模仿知名品牌產品的實質內容，只是外表掛了不同品牌，就在市面上銷售，甚至於銷售的情況比正牌還好。

　　相同內容、規格，甚至於品質，只是品牌不同，為何一樣的產品，只是因為品牌不同，就有天差地遠的價格？菲爾‧巴登在其《行銷前必修的購物心理學》」一書中，也提到德國福斯的Sharan車款與福特汽車的Galaxy車款，都是同一家工廠生產，可是福斯品牌就硬生生地貴了2,000歐元[16]。

---

[16]　Phil Barden，《行銷前必修的購物心理學》，第35頁。

實際上，不只這些玩意兒。台灣曾經發生一起強冠公司地溝油的事件，其中有一家購買強冠豬油產品的豆沙業者，似乎是許多月餅業者的原料。換言之，一堆生產豆沙口味的月餅業者，其原料其實都一樣，透過訴說不同的故事，讓產品的價格差異化。只是有時候故事說過頭了，反而產生極大的風險，像是鼎王集團旗下的「無老鍋」，形容其技術源自於失傳已久的日本「無老婆婆」的故事，但因為故事實在是太扯了，最後發現都是騙人的，反而有損企業形象。

一樣的原料，不一樣的品牌，不一樣的價格。

許多品牌透過廣告行銷或其他行銷的技巧，讓我們的大腦自然地對這些相同產品加上或減去一定的評價，評價不同，所呈現出來的價值也不一樣，客戶當然就會以不同的價格來購買。所以，相較於平價的「壹咖啡」，一杯才30幾元，但知名的「Starbucks咖啡」就可以賣到上百元。

人，也是一樣。

很多演員壞人演久了，路上被看到都可能被打，因為形象實在太壞；即使本性與其他人一樣都是好人，但壞人的形象依舊很難改變，讓人們以為演壞人的演員在現實生活中也是一樣壞。豆豆先生是電影中一位很誇張的傻蛋角色，常鬧出不少笑話，但他本人卻是牛津大學電子工程學博士，而且捐款累計已經超過3億美元，但在不知情的觀眾眼中，刻板印象中他就只是搞笑的喜劇演員。

2 神奇的框架效應

上述談到的一樣產品內容，因為不同品牌就有了不同的價格，學術理論上稱之為「框架效應」（Framing Effect）。「框架效應」源自於1981年，也是2002年諾貝爾經濟學獎得主卡內曼所提出，是展望理論的一部分。以口語化表達，就是說一樣的內容透過不同的背景，會呈現出不同的結果，也很像是「月暈效應」（Halo Effect）。

或許大家還不太能理解上述解釋的意涵，請大家看一下底下這兩張圖片或封底摺頁，看看中間方塊的顏色是否相同？

乍看之下，兩邊中間的小方塊，似乎左邊的顏色比較淺。但是請把框框都遮起來，或把手指放在二張圖中間，你會發現兩個小方塊的顏色都一樣。因為左邊是深黑色的背景，會讓左邊的小方塊看起來比較淺，右邊則是淺灰色的背景，會讓右邊的小方塊看起來比較深。

簡單來說，小框框顏色的深淺感受，主要是出自於外面大框框顏色深度的影響。背景顏色深，主體感覺就比較淺；反之，背景顏色淺，主體感覺就比較深。所以只要傳遞訊息給接

收訊息的民眾，在民眾的大腦中產生框架，就可以改變小框框的價值判斷。

很有趣，對不對？為什麼會這樣？

人類看待事物，很懶得細部分析本質，因為消耗腦力的事情，大腦會盡量避免，所以會選擇用「比較」的方式。換言之，對於兩件事物Ａ和Ｂ該如何比較好壞？並不是細部計算Ａ和Ｂ的分數，因為假設Ａ是95分，Ｂ是90分，要計算出這兩個數字，可能要花費大量的腦力。因此，大腦選擇只要比較一下Ａ和Ｂ差5分，知道兩者相差多少即可，至於實質上是多少則不是重點。

會想要研究框架效應，緣起於有一次我發現某些新聞事件，不同人但犯罪的內容事實一樣，可是自認為是理性法律人的我，居然會產生不一樣的判斷。也就是說一樣的事實，只是因為不同的時空背景，就做出不一致的判斷。假設我擔任法官的工作，那就真的蠻可怕的，因為在判決的過程中，會不自覺地加入個人的主觀判斷，無法抽離框架單純地觀察事實，以中立第三者的角度進行審判，就容易導致差別性判斷。

選舉期間也常發生類似的事情。知名作詞人方文山於2014年台北市長選舉中，為某位候選人的選舉歌曲「同一種世界」填詞，並由知名導演鄺盛幫忙執導MV，放在網路上5天來好評不斷，網友誇有正面力量，紛紛猜想應該是柯文哲陣營的競選短片。但是當結果公布是連勝文陣營的競選短片，馬上變成負評如潮，惡毒的批評如潮水般湧出。

　　這種有趣的現象就是「框架效應」。但是大多數的人都並不知道自己的大腦是用「比較」的方式來判斷事實，總是喜歡加上自己的框架後再去判斷。從訓練思考判斷力的角度，首先我們必須要瞭解自己的框架是什麼？接著在判斷事物的時候必須要求自己降低框架的影響力，並且強迫自己以中立第三者的角度來分析事理，才能夠做出最後的決定。

　　法庭上，律師的工作就是幫當事人犯罪事實披上美麗的框架，法官的工作則是移除美麗的框架後，再以中立的角度來判斷事實。有顏色、特定立場的新聞媒體或競選團隊如同律師一樣，會將一樣的新聞、事實披上不同的顏色，而一般民眾則是必須要建立移除框架的能力，才能成為不受媒體、政黨操控，具有真正獨立思考能力的聰明人。

3 我想和你一起起床

　　「框架效應」套用在商業行銷的領域中，常聽到的名詞為「情境」。1971年，社會心理學家菲利浦・金巴多（Philip G. Zimbardo）教授主導「史丹佛監獄實驗」（後發展成路西法效應）：一般人處在一個非人性的環境裡，會有什麼樣的行為與情緒反應。這個實驗因為衝擊過大，還被拍成電影「叛獄風雲」[17]。

---

[17] Haney, Craig, W. Curtis Banks, and Philip G. Zimbardo. "Study of prisoners and guards in a simulated prison." Naval Research Reviews 9.1-17 (1973). 另可參考Stanford Prison Experiment，http://www.prisonexp.org/。

一開始挑選了21位受測者，隨機將之分為獄卒與受刑人，獄卒負責看管受刑人，受刑人要遵守獄卒的規定。一開始大家都還嘻嘻哈哈的，逐漸地關係開始變質，第二天就開始失控，警衛會在凌晨叫醒囚犯做伏地挺身或其他運動，逐漸地囚犯開始反抗，警衛的行為也愈來愈惡劣，包括讓囚犯戴上手銬、頭罩著紙袋，隔了幾天，已經有囚犯出現歇斯底里的症狀而不得不被帶出實驗，最後情境失控，整個實驗不得不在第6天後終止。

　一套制服、一個身分，就可輕易讓一個人性情大變；握有權力的人，會輕易地為「以控制他人為樂」所誘惑。一個正常的人，會因為被框架成不同的身分，就會做出不一樣的行為表現。

　男女交往關係也是一樣。

　一樣的行為、品性，但建立起不一樣的形象，就會有不一樣的評價。企業稱之為品牌經營，個人則是在經營形象。以前在網路上流傳一段笑話，描述不同的講話順序，會有不一樣的效果：

❖ 我想和你一起睡覺，是色狼。

❖ 我想和你一起起床，是徐志摩。

　一樣的行為內容，不同的呈現方式，有人變成色狼，但是有人就變成了徐志摩。如同之前談到陪同女生過馬路的例子，我常常告訴學生：只能輕拍大臂，「輕輕地拍」這個動作會與

腦神經中的內建規則產生連結，會產生很大的效果。但不要幻想用力一些，或者是誤以為搓揉久一點就可以產生更龐大的效應，加速兩人關係的發展。

錯！這實在是很大的誤解，因為不一樣的動作會與不同的大腦規則產生連結。太用力，並不是紳士般的攙扶，更不是父母在襁褓中對於嬰孩的照顧與關懷感，而是變成猥褻地撫摸。這樣子的行為可以說是殺雞取卵，不會一次加速兩人關係的進展，而是一次打壞兩人的關係。

寫臉書是一個品牌的經營，臉書上所寫的東西，久了，會在別人的腦海中留下烙印。如果你所寫的東西都是「今天起床很累」、「午餐該吃什麼？」，或者老是一些餐廳享受的照片，那可能帶給別人的印象就是腦中無物；如果臉書常常談動物保護，會給人一個愛護動物的印象；如果時常貼反省的文字，會讓人有著真實不做作、坦白面對自己的印象。網路科技時代，好好地利用社群工具建立優質的個人品牌。

4 娃娃臉的高低落差感

從小到大，我總是被迫創造落差感。

說起來有些哀怨，但事實就是這樣子，從別人的眼中，看不起我是正常的，其中有一個很重要的理由 ——「娃娃臉」。很多人聽到這句話一定很生氣，娃娃臉有什麼好哀怨的，那可是很多人夢寐以求的事情，講這種話根本就是炫耀、矯情。

但是，實際上真的有時候很羨慕別人的老臉，因為老臉看起來就是經驗值的代言。娃娃臉就是菜鳥、不可靠，有時候跑去看車子、買房子，業務人員都狗眼看人低，一副我就是沒錢買車

幫這小屁孩帶看房子，一定是浪費時間～

子、房子的小屁孩。我主修法律，本來有機會當律師，但每次從鏡中看著自己，想像如果考上律師時，該如何扮演好律師的角色。可是左看右看，就覺得自己沒有那種律師樣，因此剛出社會的時候，想辦法把自己變老，除了穿襯衫、西裝外，燙頭髮也是當初覺得不錯的方法，但總是燙得很失敗，望著鏡中失敗的外觀，決定放棄燙頭髮這條路。

有關娃娃臉的研究也不少，像是法庭上擁有娃娃臉的被告，比老成臉孔的被告，容易獲得無罪判決或者是獲得比較輕的判決。如果是娃娃臉的原告訴請民事賠償，也可以請求較高額的賠償。讓我們假想自己是法官，看到底下可憐的原告，長相年輕又可愛，遭到被告侵權而有嚴重的損失，人類在演化過程中，必須要保護弱者的安全，所以對於看起來像是弱者的原告，不自覺地就會給予較高額的賠償判決[18]。

[18] Matthew Hertenstein，《以貌取人，再也不會看錯人》，第92頁。近期有研究指出，臉部可信賴性也會影響判決。參照J. Wilson, N. Rule, "Facial Trustworthiness Predicts Extreme Criminal-Sentencing Outcomes," Psychological Science, July 15, 2015.

這些研究讓我想起了大統公司高振利，因為黑心油品事件，二審遭法院重判12年。如果還記得高振利的長相，會覺得他的臉部比較粗曠、有些橫肉，即使身穿白襯衫，頭髮也梳理得很整齊，但就是看起來讓人很不舒服，或許這也是被法官重判的原因。假設大統公司的老闆換成很著名的娃娃臉明星林志穎，看到這樣子的被告，身為法官的你會不會判比較輕呢？有許多研究針對長相對於判決影響的例子，像是心理學家約翰‧史都華（John Stewart）實際在法院裡評斷真實被告的長相，發現好看的人被判的刑責比長相醜的還要輕許多[19]。

更為有趣的一點，羅伯‧齊歐迪尼（Robert Cialdini）在其著作《影響力》（Influence）一書中，提到1960年代末期，紐約市有一群囚犯在獄中進行整形手術，另外一群囚犯則沒有進行整形手術，兩組中各有一些成員接受相關重返社會的訓練。從牢獄生活釋放一年後，沒想到再回籠的比例很低，而且很有趣的一點，重返社會的訓練沒甚麼效用，還不如直接進行整形手術。有論者認為一定是改變了長相，讓一般社會民眾更能接納他們，但John Stewart於其「被告吸引力做為判決結果之因素」（Defendant's attractiveness as a factor in the outcome of trials）研究中則提出另外一種主張，認為改變了長相，讓他們被判刑入獄的機會降低了[20]。到底是哪一個

---

[19] Richard Wiseman，《怪咖心理學》，第162頁。

[20] Robert Cialdini，《影響力》（Influence），p.149.
或參考Richard Wiseman，《怪咖心理學》，第162頁。

論點比較有可能，也有許多值得我們探究的地方。

娃娃臉這件事情，也算是有好有壞。隨著年齡慢慢地增長，也就比較能順其自然，隨別人的眼光吧！後來在網路上寫部落格、出書，許多演講的承辦人員在網路上發現了我這號人物，大概也懶得找人，連我本人都沒看過就來信邀請演講。常常一到演講會場，總是會發現承辦人員第一眼看到我的反應：眼神中透露出一些驚恐與訝異，嘴巴上勉強擠出幾句客套話：百忙之中勞煩您了！（但那種表情就是一副：哪裡來的小屁孩，怎麼會請到這年輕的傢伙，等下如果講很爛，那可就糟了。）

看多了這樣子的眼神也就習慣了。演講內容才是翻身的唯一法則，所以我花費很多時間在演講的練習、簡報檔的製作、新資料的蒐集等。隨著演講的內容慢慢呈現，承辦人驚恐的眼神大多會隨著現場反應良好而逐漸轉換成滿意的笑容。

演講完畢，承辦人員驚恐的眼神早就已經換成誠懇的眼神，在我離去的時候，再次感謝我能蒞臨演講，並且分享專業且有用的資訊，而不是只有「百忙之中勞煩您了」。當然好事傳千里，這些單位大都會把我的演講效果告訴更多的單位，也讓我每年的演講都源源不絕。但也許不是我的演講內容排名第一，創造落差感是我的神祕法寶，感謝娃娃臉。

5 | 視障者只能按摩嗎？

大陸節目「我是演說家」第一集，有一位盲人董麗娜的演出讓我忍不住地熱淚盈眶，雖然我必須要承認她的外表並沒有吸引我想要聽她講什麼，第一次聽純粹是好奇，但因為這個好奇的幸運，我得到了一些不同的體會。

董麗娜是一位語言藝術工作者，從小因為全盲，長大後曾經擔任過按摩師，但這並不是她所想要的工作，她說出了一段在聾盲學校學習時的無奈感受。當時的她不到十歲，即使自己看不見，但對於人生還有很多的憧憬，可是老師們卻是點出了一個殘酷的事實：「你們以後一定要好好地學習推拿，因為這將是你們以後唯一的出路。」

這一句話震撼了董麗娜，但她一直無法接受這個事實，為何所有殘障人士連奮鬥的機會都沒有，就被要求一輩子都只能做一樣的事情，過同樣的人生，這個人生才剛剛開始就只能看到這個結局嗎？這樣子的宿命實在讓她難以接受。

2006年間，當她透過網路得知有個播音主持的訓練機會，雖然一時還搞不清楚什麼是播音主持，但這就像是一根救命稻草一樣，讓她毅然決然地放棄了原有的工作，踏上了開往北京的列車。最後，她在播音員夢寐以求的中央人民廣播電視台接受短期培訓，更獲得中央人民廣播電視台夏青盃播音主持大賽二等獎的殊榮。

視障者的人生路總是面臨著多重困境，即使得到了二等獎，受到了很多的關注，但並非從此開始一帆風順。在一次報名專業自學考試中，被無情地通知「視障者不得參加自考」的禁令。上蒼保佑，這件事情傳入了公益律師李方平的耳中，在其協助下，半島晨報做出了盲人姑娘投訴北京爭取考試權的報導，終於促使相關單位的重視，不但讓其順利考試，更修法保障殘疾人士的權利。

　　談到董麗娜的故事，奮鬥的過程散發出正面的感召力，看到、聽到這個故事的人通常會被激發出「同理心」，也就是說人的內心會模擬出如果自己碰到這樣子的逆境是否能夠承受？是否能過順利渡過這一段艱辛的過程[21]？想著想著，考量到脆弱的自己可能會無法承受，但是眼前這位女孩居然能堅毅地挺過這麼多的逆境，心中油然生起了對這個人的敬佩。

　　殘疾人士若能展現正向的訊號，即使只有獲得跟一般人一樣的成功，如同從地獄到天堂的落差感，多了許多讓人難以想像的奮鬥，很容易觸動別人的心靈產生了敬佩的感覺，而不是原本的憐憫感。也許你身體狀況都很正常，但可以找看看自己是否掌握了什麼，可以創造這種落差感的故事，強烈地轉換別人對你的想法，都是一種品牌經營的好方法。

---

[21] John Neffinger & Matthew Kohut，《自己決定你是誰》，第106-109頁。

6 | 神經系統中的「童話王子」規則

外觀，也是形象的重點之一。

大腦系統一的潛意識系統，最前線部隊當然是我們的五官，尤其是眼睛所代表的視覺系統。所以男生若能高、帥，就可以讓女性將看到的男子，與神經系統中所儲存從小聽到的童話故事人物—王子，兩者間產生連結，當然就產生美好的第一印象。不過除了童話故事印象外，好比美麗的外表、身材，代表著好的基因，潛意識中所給予的評價當然就是高分了。

王子的印象是什麼？請閉上眼睛想一下：

第一，要有白馬。現在因為沒有人騎馬去約會，所以可以想像成名車。

第二，衣著整潔。以前的王子服裝，大概就等同於現在的西裝，另外要透過簡單的打扮，讓自己看起來乾淨清爽。

第三，身高夠高。所謂高富帥，高是第一個，女人是一白遮三醜，男人是一高贏一半。

也許你的口袋資金沒辦法穿著很體面，但請將衣著整理一下，整齊清潔是基本要素。第一印象真的很重要，依據「定錨效應」（Anchoring Effect，也有稱之為定錨捷思，Anchoring heuristic）的概念，人類在進行決策時，會過度依賴最早取得的資訊，並據此快速做出決定，爾後的決定中，再以第一個決定為基準點逐步修正。所以，如果第一印象是紳

士，即使日後你回復痞子的原樣，對方還是會認為你的本質是紳士。

有一些朋友出席餐會雖然也穿著襯衫，但很奇怪，襯衫穿在身上就沒那個樣子，襯衫總是掉到西裝褲子外面，感覺上不修邊幅、很邋遢的樣子。其實只要隨時注意自己的襯衫有沒有平整的塞入褲子中，並且像是憲兵一樣把皺褶的部位集中腰的兩側，再順一下，看起來就很平順整齊。我在演講的時候，都會把衣服打理整齊，上了台一副人模人樣的外表，下次遇到穿牛仔褲也沒關係，因為既定的形象已經烙印在對方的腦海中。

假設第一次碰面，應該要穿什麼服裝比較好？

我們系統一的直覺建立了很多自動判斷的規則，例如「美女加我的臉書＝詐騙集團」，如下圖，這是我對外講授「資訊安全與個人資料保護法」課程時所舉的一個案例，一位朋友帳號遭到攻擊後，推薦一位網路暱稱為「江念華」的美女，這種例子很明顯的就是詐騙，因為「美女加朋友」，一般人網路經驗如果豐富，都知道這是不可能的。我何德何能讓此世間美女主動加我為好友？顯然不符合社會一般常規。此一規則的建立，對於我們快速判斷網路威脅有很大的幫助，不需要花時間思考，看到這種邀請就認定是詐騙。

其他還有很多規則，像是「不健康＝美味」、「顆粒狀產品，美味程度優於粉狀產品」[22]。這些都是我們建立的各種自動判斷的規則，每一個小小的程式，猶如我們電腦系統中，同時點擊Crtl+Alt+Delete三個按鍵所跳出的「工作管理員」一樣，在「處理程序」中就可以看到我們在電腦螢幕看不到的幕後程式，不斷地在處理許多如同人類無意識行為的電腦作業。潛意識就是由這些小程式所組成，非常活躍、獨立；也許隱藏不見，卻決定了意識體驗與回應這個世界的方式，深深地影響我們的決策與行為[23]。

---

[22] Phil Barden，《行銷前必修的購物心理學》，第45頁。但現在台灣發生許多食品安全，也許太完美的食物反而會認為是不安全的。

[23] Leonard Mlodinow，《潛意識正在控制你的行為》，第46頁。

曾經在一本書中看到類似的概念，任教於芝加哥大學的知名教授Dario Maestripieri，專精於演化生物學、行為神經科學等領域，並多次獲得心理學領域的重要獎項，在《人類還在玩猿猴把戲？》這本書中，提到人類心智的傾向性被心理學家稱之為演算法（algorithm），與電腦程式具有相似性，兩者都是設計來解決特定問題或任務[24]。演算法，可以用電腦程式來形容，預載於電腦中，處理一些特定的流程；換句話說，就是我們的大腦預載了祖先用過很棒的成功方案；或是自己透過後天建立的程式，像是騎腳踏車就是明顯的例子。

　　做個簡單的結論，當你第一次約會的時候，不要把自己搞得怪里怪氣的，從教育背景、照片外觀，初步推論對方是怎麼樣的女孩，這位女孩會怎麼推論自己？會有什麼判斷異性的規則？推測出對方可能的規則後，照著規則走，必然可以在對方的心目中留下不錯的第一印象。

　　總之，大腦不喜歡深究，習慣用「比較」的方式，因為比較的方式較為省力。習慣於「比較」決定兩者之差異，就會出現了前文所談到的「框架效應」。第一印象也是框架效應的延伸，或許我們可以稱之為框架效應的不良後遺症，從很多學術上的研究中，發現第一印象會影響我們對客體的描述方式。

---

[24] Dario Maestripieri，《人類還在玩猿猴把戲？》，第275-276頁。

　　像是《大開眼界》一書中提到：「……如果我一開始就不喜歡麥斯，我在她答覆中聽見的就會是狂妄與吹噓，第一印象變成一種自我實驗的預言：我們聽見的是自己所期待聽見的，好的人選在面試中絕對受到偏袒。」哈佛大學心理學家艾巴迪曾做出一項實驗，發現一個人對素昧平生的教師觀察兩秒鐘之後所作的結論，跟坐在一位老師課堂中聽了一學期的學生所作的結論，非常相近[25]。托雷多大學心理學教授柏尼利所做的延伸性實驗，結果顯示人類有一種先於理性的能力，可據以正確判斷他人[26]。我想這句話的意思應該是潛意識，可以預先利用既有的大腦小程式進行判斷。

　　但我並非如此觀察，個人認為第一印象所產生的框架效應，確實會讓一樣的事實產生不同的評價，潛意識在無意識的情況確實完成了判斷，但這個判斷未必是「正確」；大多數人都存有類似的框架效應，像是國內的政黨傾向大多是藍色，要不然就是綠色，不同顏色政黨傾向的觀察，就會有不一樣的看法。

---

[25] Malcolm Gladwell，《大開眼界》，第 355-356 頁。或者是請參照原文 Half a minute，http://ambadylab.stanford.edu/pubs/1993Ambady.pdf。
[26] Malcolm Gladwell，《大開眼界》，第 357-359 頁。

< 結論與建議 >

◎ 小心框架效應會讓你的判斷力發生錯誤，相同的東西，只是因為套上不同的框架，就有不同的評價。

◎ 盲人不是只能做按摩的工作，不要侷限了自己的發展。

◎ 第一印象很重要，如果第一印象搞砸了，未來要花更多的力氣才能重塑形象。

5 承諾虛擬的未來影像

1 迪士尼樂園的兔寶寶

大腦的運作是很有趣的。假設我告訴你其實Dr. J的長相很特殊，兩個兔子的耳朵，加上誇張的肌肉線條，但腿卻細得像是竹竿。你相信Dr. J是長這樣子嗎？

思考這個問題的時候，你的大腦隨著上述的形容，浮出了兔子的耳朵、誇張的肌肉線條、竹竿般的腿，然後做出結論，正常人不會長這樣子，所以覺得我的話是不可信的。

無論如何，你的大腦中曾經出現這樣子的模擬畫面，再透過既有知識的比較分析，然後判斷其可行性，最後再做出結論，這就是一般人大腦的思考模式，即使根本不存在的影像也可以模擬創造出來。

模擬畫面 → 進入大腦知識庫比較 → 顯現異常回應

這樣子的機制也是莫可奈何，因為大腦是有限的，卻要面對每天大量的資訊，無奈的大腦放棄了完美的記憶，選擇了抓

重點，其餘空缺自動想辦法填補。好像一個模擬器，因此很多資訊是模擬或預測出來的，當然也很容易發生錯誤[27]。

我們甚至可以像是電影「全面啟動」一樣，該片的英文為「Inception」，也就是植入的意思。將一定的資訊放入別人的大腦中，然後慢慢地發芽長大，是一種植入記憶的概念，現實生活中應該也可以如此。2002年，哈佛商學院等校的研究團隊提出一個有趣的實驗，找了幾位曾經到過迪士尼樂園的受測者，把一份樂園宣傳單讓他們反覆地看，這份宣傳單是假的，內容描述與兔寶寶會面的經過。

反覆看完後，向受測者詢問對於迪士尼樂園的印象，四分之一以上的人都說看過兔寶寶，甚至於還有62%的人記得跟兔寶寶握手。但是兔寶寶根本不會出現在迪士尼樂園，因為兔寶寶是華納兄弟公司期下的卡通人物[28]。

因此，當你描述年底一起到國外旅遊的計畫，對方腦中也會模擬出可能發生的美好時光，一起快樂搭乘浪漫摩天輪，慢慢在高空中旋轉；隔天晚上在高樓觀景台享受迷人夜景，一邊品嚐美食盛宴。天啊！這麼浪漫的行程，光想到就讓人很期待與興奮。

---

[27] Leonard Mlodinow，《潛意識正在控制你的行為》，第87、89、93頁。

[28] Make My Memory: How Advertising Can Change Our Memories of the Past，http://faculty.washington.edu/eloftus/Articles/BraunPsychMarket02.pdf。參照 Leonard Mlodinow，《潛意識正在控制你的行為》，第105頁。

同樣地，也可以分享男女雙方一同奮鬥人生的規劃，想像著兩人胼手胝足地開了一家公司，不斷努力，終於拼到Nasdaq上市的一天，好像阿里巴巴創辦人馬雲一樣成為人人學習膜拜的對象。當想到自己躺在柔軟舒適的辦公椅上，從碩大的私人辦公廳的落地窗前眺望著遠方的城市夜景，輕啜著一杯香濃咖啡，這些想像力都有助於幫助我們催化兩人之間的關係。

2 可以將你的身體借我使用一個月嗎？

法國奢侈珠寶商伯瓊曾提供消費者在家或智慧型手機「虛擬試戴珠寶」的服務，因此讓網站流量增加50%。樂高產品也設計過一套擴增實境系統，只要把包裝盒放在一個螢幕之前，就可以看到未來組裝完成後的模樣。對於消費者而言，可以看到一個具體的樣子，有助於提高銷售量。瑞典商天梭表也利用3D技術，讓逛街的顧客在人行道上就可以試戴，而且還可以將試戴的結果拍照上傳到Twitter，結果英國著名百貨公司塞爾福里奇的天梭表專櫃銷售因此提高83%[29]。

試用、試吃，除了免費的虧欠感之外，對於人們已經擁有的東西，再要求她們拿出來，難度就會很高，因為他們已經有了擁有的感覺，願意購買的意願也大幅度提高。到底是什麼原

---

[29] Phil Barden，《行銷前必修的購物心理學》，第153-155頁。

因產生這種現象？也許是人們與產品產生了一定的情感而影響了理性的正常判斷，也許是擁有的過程中，讓自己想像在家中的沙發，享受著試吃的美食，那種想像如果是美好的，就會產生驅動自己落實的動力。

換言之，如果異性朋友在交往一段時間後，不知道是否願意長期交往，或許可以講一段這類型的話：「我們先嘗試交往看看，如果不適合的話再分開。」有點兒像是員工試用期，在這一段期間，也不要太親密，就維持一些稍微親密的關係即可，因為相處的時間太密集，反而會有反效果。就像是不斷地吃美味的提拉米蘇一樣，那感覺會很膩，即使沒有很膩，也會產生邊際效用遞減原則。

什麼是邊際效用遞減原則呢？舉個例子來解釋比較清楚，當你在沙漠跑步3小時後，非常口渴，這時候眼前出現一大杯水，趕忙衝上去灌了一大杯，好舒暢；接著旁人看你非常渴，馬上又遞上了一杯，你又灌了一大杯，還蠻舒暢；第三杯舒暢、第四杯有點喝不太下去、第五杯喝了有點反胃、第六杯……這是水刑嗎？這種滿足感會隨著量的增加而遞減，就是所謂的邊際效用遞減原則。

讓彼此保有各自空間，不要太膩。

3 喜歡仿冒品的人承諾比較不可靠

科學人雜誌2010年的報導中,指出承諾有助能快速墜入情網,與另一半萌生愛苗。

舉個例子,如果想像一同去歐洲遊玩的樣子,可以讓她產生許多與你遊玩的畫面。遊玩是美好的感覺,所以這種美好的感覺會與你建立好的連結,兩人的感情因素是正向的。

比較麻煩的是如果她要求你給予一生的承諾,但當時你還沒有想要承諾一生,所以猶豫了一下,支吾其詞。對她而言,看到的是承諾不堅定的人,較易負面解讀你的猶豫行為。

承諾,值得相信嗎?

這是一個很難回答的問題。但在本文中,我想要把問題限縮在一定的條件下,也就是如果戴假貨的男生或女生其承諾的可信度,例如男生手上戴著勞力士假錶,女生背著盜版香奈兒包包,而且這些假貨都看不出來是假貨,這時候他(她)們的承諾可以相信嗎?

哈佛大學教授Mike Norton、Francesca Gino與杜克大學教授Dan Ariely做了一個假名牌Chloe眼鏡的實驗,後兩位在台灣出版的翻譯書中,都有提到這個實驗,網路上也找得到相關實驗論文。實驗中,各組使用的眼鏡都是真的名牌,但有一組成員卻被告知是假的(裝眼鏡的箱子上寫著仿冒太陽

眼鏡）。首先給受測者體驗一下眼鏡鏡片的品質，會讓他們到走廊上去走走；結束後，進行到第二項實驗，受測者要回答類似智力測驗的題目，而且大多很難做完，每答對一題可以得到0.5美元的獎勵。

答完題後，要將試卷放進回收箱，然後在另外一張答案卷上寫下分數。這時候受測者會以為考卷回收的方式，研究單位無法知道你的實際成績，所以在答案卷上成績會不會多報呢？（實際上研究單位完整地掌握受測者的成績）

結果很有趣，知道自己戴正牌的太陽眼鏡，30%的受測者作弊；但是誤以為自己戴假的太陽眼鏡那一組，有高達74%誇大了自己的分數。

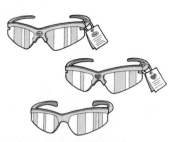

組別	作弊比例
正品太陽眼鏡組	30%
仿品太陽眼鏡組	74%

接著又進行第三項實驗，如右頁圖，方塊中間有一條斜線，受測者必須指出斜線的左邊還是右邊比較多點。如果點擊「左邊比較多」，可以拿到0.5美分；如果是點擊「右邊比較多」，可以拿到高達十倍的的5美分酬勞。結果依舊是誤以為

自己戴假的太陽眼鏡那一組,選擇按下「右邊比較多」的比例比較高。

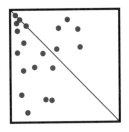

實驗繼續往下推論,到底是戴上正品對自己發送正面的訊號,還是因為戴上假的而對自己發送負面的訊號?接著研究團隊再找了100名女生,但這次不告訴他們這些太陽眼鏡是真的還是假的,這次算是「沒有資訊組」,作弊比例則是42%。

組別	作弊比例
正品太陽眼鏡組	30%
沒有資訊組	42%
仿品太陽眼鏡組	74%

綜合上述研究成果,戴著正牌的太陽眼鏡並沒有讓受測者有明顯地變誠實,但是戴著假的太陽眼鏡,卻會讓受測者明顯地不誠實。換言之,如果為了虛榮而穿戴假冒品,有可能會影響到我們做出道德與不道德行為的決定[30]。如果你的另外一半喜歡穿戴假貨,對方的承諾恐怕不誠實的機率會高出許多;反之,若是穿戴正品,未必代表其承諾可靠。

---

[30] Dan Ariely,《誰說人是誠實的》,第162-163頁。Francesca Gino,《為什麼我們的決定常出錯?》,第18-19頁。

4 說謊成習的男人

男人喝醉了，朋友攙扶他回到家，男人的太太臉很臭地打開了門讓大家進來。但是，男人居然以為是到了續攤的酒店，很高興地說：「等我一下，我先打電話給我老婆！」友人們全都心驚肉跳，看著太太的臉色已經黑到不行，沒人敢吭一聲。

只見男人進了房間不久，太太的手機響起，當然是很生氣地接起了手機，電話那頭傳來男人的聲音：「我今晚要加班不回家了，不用等我先睡吧！」太太淡淡地回答說：「好，我知道了。」只見男人開了房門，對著大家說：「我已經搞定老婆，大家今晚好好喝酒玩吧！」

這就是男人酒國的說謊文化，總是有說不盡的酒國笑話，起源自男女之間各種力量的拉扯與平衡。男人出外喝酒，很討厭女人打電話查勤，因為這是很沒有面子的事情。但女人就是很愛查勤，或許擔心的不是喝酒，而是喝了有粉味的酒；也可能是擔心喝酒過量，影響身體健康問題。

無論是何種原因，往往都會想出讓人驚嘆的理由來欺騙夫人，好讓外出喝酒順利。只是道高一尺、魔高一丈，好像講反了，魔高一尺、道高一丈，沒說謊經驗的男人，總是很容易被抓包。只是即使被抓包了，只要誠實的底線棄守過一次，有機

會就會兵敗如山倒，不再試圖地控制自己的行為[31]。

男人既然總是在喝酒這件事情說謊，當然，我不能這樣果斷地下了結論：男人為了喝酒一定會說謊，因為並非每個男人都會這樣。但只要說過謊的，恐怕在道德底線上已經潰敗，「管他的」效應出現，就會再進一步棄守，再說謊的機率比較高[32]。

被視作常會說謊的男人面對老是疑神疑鬼的另外一半，該怎麼辦？從 Dan Ariely 教授所做的延伸性實驗，發現一個很有趣的結論，使用仿冒品的女生不但會讓自己變得比較不誠實，也會認為別人同樣不誠實。所以，送真的名牌包給另外一半吧！或許她會相信你說的是真的，至少……看在名牌包的份上[33]！

5 創造有意義的訊號

從女性的角度來看，只想上床的「花心大少」要小心；疼愛自己的「溫柔男子」很少見，但要怎麼區分這兩種對象呢？說真的，還真難。因為這兩種類型都會很積極地對女生好，譬如說兩者都願意花大筆的錢來滿足女生，也都願意花很多時間來談心，所以在雙方可以表現的事情差不多的前提下，「溫柔

---

[31] Dan Ariely，《誰說人是誠實的》，第 168 頁。

[32] Dan Ariely，《誰說人是誠實的》，第 167-168 頁。

[33] Dan Ariely，《誰說人是誠實的》，第 171 頁。

男子」該如何建立真正的差異化，就要想一些點子了，建立一些訊號，讓對方容易區別。

當然，這種「訊號理論」的概念適合男女雙方。

首先，「付出成本」才能傳遞的訊號，才有意義。例如有人為了獲得你在交友網站的資訊，花了50元的金額才開啓。只是50元這樣子的代價似乎又微不足道，難道你的價值就只有50元嗎？因此，我們還要再多考量一些因素，例如「有限性」，假設交友網站中每個會員都只能送出三次數位玫瑰花給心儀的對象，這種有限性的禮物就很重要了。

因為這代表著送玫瑰花的時候，必須考慮再三，因為送完這三次，依據遊戲規則即使有錢也不能再送，收到數位玫瑰花的人知道花的意義，也會比較認真對待這個訊息。假設收到花的人不是最有魅力的族群，而是一般的族群？因為最有魅力的族群太常收到這些數位玫瑰花，效果就會被稀釋；但如果是一般魅力的族群，因為收到的機率不高，所以效果就比較顯著[34]。只是交友網站以營利為目的，只會希望你不斷地買數位禮物送對方，可不希望限制送禮的次數。

同樣地，有些假日像是情人節，就可以傳遞很重要的訊號。理論上來說，一天只能排一個情人，尤其是如果情人節是星期五，白天要上班，晚上就只能找一位情人過佳節。如果你是被找上的人，這一個訊號就很重要，因為對方把這一天空了

---

[34] Paul Oyer，《交友網站學到的10堂經濟學》，第88頁。

下來，成為專屬於你的時間。

跟剛剛假設交友網站可以送出三次數位玫瑰花，情人節約對方共享浪漫晚餐，這兩個訊號還是有點不太一樣。數位玫瑰花送完三個人之後，就不能再送了；但是情人節的邀約若是被拒絕，還可以馬上找人頂替。因此，特殊節日的邀約必須要愈早愈好，太晚的邀約有可能是候補的缺，要特別注意。

6 對你殘酷的女人才是最親近？

浪漫發展中，男女會法式熱吻，即使重感冒有傳染病毒風險，有些還會採行虐待式性交。為什麼不採取一些安全一點的活動，選擇不傷害彼此的方式，像是「情侶按摩」（Couples Massage）呢？

台大成立了皮繩愉虐社（英文為BDSM），該社團表示希望透過對多元情慾的認識，強化性議題的公開討論。但這一個社團也引發許多爭議，校方對此社團的成立也多所保留，許多宗教團體也持反對的態度，認為這是一個假性自由卻從事性變態的議題，更遑論一般民眾了。

姑且不在此討論該社團宗教上的意義，但我們要想像一點，人與人之間為何要透過虐待的方式來滿足情慾？為何不採取電影「當我們混在一起」中，有一段「情侶按摩」（Couples Massage）的橋段，結束後雙方都感覺到非常地

舒服[35]，還是說這樣子依舊無法滿足人性的需求。

　　有論者認為這是情慾的解放，但依舊無法解釋為何要這樣子解放；也有人認為這與搭乘雲霄飛車一樣是一種刺激感，在刺激的同時可以獲得生理上的滿足；還有一說比較特別，是以色列的演化生物學家阿莫次‧札哈威（Amotz Zahavi）所撰寫的《連結測試》（The testing of a Bond），提出了「累贅原理（handicap principle）」，發表於1977年，但一直引發許多論戰。

　　據札哈威所描述，該原理是在回答學生問題的時候所發想的。當時學生問了一個問題，為什麼雄孔雀擁有巨大沉重的尾巴，而雌孔雀會找最重尾巴的雄孔雀交配？對於此一問題，札哈威認為沉重的尾巴不利於天敵攻擊時的逃難行為，但愈重的尾巴也可以據此證明他的強壯。換句話說，累贅愈大，代表的意義就是愈優秀[36]。武打電影情節中，常常有高手為了顯示自己的身手，故意讓對方，雙手反放在身體後方不動，讓自己處於一種危險狀態，代表對於自己的武術非常有信心。男人與女人的世界中，也常有這種異常的行為，例如會為了買沒有什麼意義，但價格非常昂貴的飾品、包包、車子、西裝等，姑且稱

---

[35] 影片請參考http://youtu.be/eCchL408uiQ。

[36] Dario Maestripieri，《人類還在玩猿猴把戲》，第211頁。這讓我想到電影「蜘蛛人」中所說的一段話「能力愈大，責任愈大（more power, more responsibility）」：蜘蛛人在空中飛來飛去，保護著一般民眾，成為人們尊敬的對象。

之為浪費性支出，目的當然就是展現自己在經濟上的實力，讓異性得以刮目相看。

不過，還有一種特殊的行為，就是藉由將自己最脆弱的一面呈現在對方眼前，來表達自己的忠誠，並希望與對方結為聯盟。像是靈長類的狒狒，有很大的睪丸，一天之內可以射精10-15次，為了要能夠突破高地位的狒狒獨占，弱勢的猿猴會互相合作組成聯盟，當一個狒狒去挑戰高地位狒狒而打架時（即使被打得很慘），另外一位聯盟中的狒狒會趁機衝上前與高地位狒狒的後宮迅速完成交配；下一次再由他出面挑戰高地位的狒狒，然後由另外一位去與後宮交配[37]。

這種聯盟必須要有極高的內部信任，而讓對方撫摸睪丸代表著信任對方，願意在對方面前讓自己處於一種危險狀態，經過這個儀式後，才代表著雙方組成聯盟。所以，才有所謂的「歃血為盟」，每個人用刀子在手上劃下一個傷口，然後讓鮮血滴如碗中與水混合，最後每人在分喝掉這碗水。據稱在古羅馬時代，男人也是透過抓住對方睪丸的方式來發誓，在法庭作證時也要抓住自己的睪丸，所以英文中的作證testify與睪丸testicles非常相近[38]。

---

[37] Dario Maestripieri，《人類還在玩猿猴把戲》，第204-209頁。

[38] 有論者表示這是一個很大的誤解，testify源自於拉丁字testis，也就是證人的意思。請參照http://multichrome.blogspot.tw/2014/07/contrary-to-popular-theory-word-has-got.html。

2013年，19歲的鄧姓學生，剛進入美國紐約市立大學柏魯克分校就讀一年級，在參加一個大學「兄弟會」入會儀式時，鄧姓學生的身體被人綁上沉重的背囊，蒙住眼睛被迫在雪地上行走，還有人試圖撞擊他。驗屍官後來發現鄧姓學生頭部受到鈍物重創。因為延誤了足足90分鐘才將鄧送院，期間包括為鄧姓學生換衫及上網搜尋頭部受傷資料，最後導致死亡。

除了兄弟會之外，各國軍方的新兵也常常受到施虐，雖然都是違法的行為，但是從「累贅原理」的角度來看，或許可以解釋為要成為可信任的人，就必須要放任團隊成員進行危險的攻擊測試。

師父考驗徒弟也是一樣的道理，一定要通過種種測驗，才有資格學到師父的終極知識。有一個大家都耳熟能詳的故事，張良與黃石公，張良在隱居時遇到一位老人，老人刁難張良，態度無禮，要求張良替其撿鞋子，張良不但忍下脾氣幫其撿鞋，還替其穿鞋子。老人很滿意地說：「五日後的清晨再來此處。」張良很好奇，於是五日之後又回到該橋，但老人早就等在該處，痛斥其不應遲到，並要求其五日之後再來，張良第二次更早，雞鳴即出發，但老人早就在橋上等候，結果當然又被臭罵一頓，又相約五日後；這一次，張良半夜就前往等候，終於這次是看著老人前來，老人非常滿意，送了一部《太公兵法》給張良。張良日後果然成了一代智謀之士，輔佐劉邦敗滅項羽，得了天下。

所以回到一開始的問題，男女法式熱吻，即使重感冒有傳染病毒風險，或者是採行虐待式性交，「連結測試」所提之論點似乎是一個合理的答案。因為可以藉此來確認對方願意付出多少成本來維繫彼此間的關係，來瞭解彼此是否處於一種高度信賴關係。又如一個男生很不喜歡女生問的問題，就是「當我和你媽一起掉入水中，你會先救哪一位？」女生並不希望男生的媽媽真的掉入水中，女生想要問的重點在於「你到底願意花多少成本與我在一起？」這也是「連結測試」的重點。

Note

6 星座的迷惑

1 占星術的崛起

曾經在網路上問了下列問題，聽聽看網友的意見：

> 請教一個問題，
> 結交異性友人的時候，你會參考星座嗎？
> 如果會，爲什麼會覺得星座的資訊可供參考呢？

結果發現一個現象，天啊！有高達61.43%的朋友，都會參考星座，其中雖然也有不太相信的人，但也會把星座的分析當作聊天的工具，占8.57%，

至於不太會參考的朋友，占38.57%。

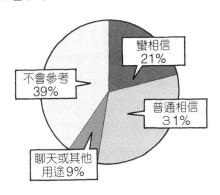

不會參考
39%

蠻相信
21%

普通相信
31%

聊天或其他
用途9%

這樣子調查出來的結果有點粗糙，所以我還會個別詢問他們對於星座的細部看法，問題內容很簡單，像是「你相信星座嗎？」、「你對於星座為什麼會很準（或部分很準）這件事情，你認為原因是什麼？上帝設計的？統計出來的結果？」

　　在幾位朋友的回覆中，我發現了一個蠻有趣的結果，支持星座的朋友認為星座的分析是一種統計的數據；反對者認為全球人口數十億，怎麼可能只歸納成12種？此一統計，讓我產生了疑惑，如果是一種統計，當初的統計樣本是如何取得的呢？

　　也許一開始，在某個小村落中，巫師發現1月生的小孩子個性都比較容易害怕，原因也許是1月過年會放鞭炮，這些小孩子在剛出生的時候都被鞭炮嚇過，所以容易受到驚嚇；7月的小孩子比較獨立，也許是因為7月父母耕田，非常忙碌，所以小孩子容易養成獨立的個性。但是一個村落人數幾百人，這樣子的統計恐怕樣本太小，而且會因為地域、民俗等因素的不同而有變化。

　　只是這樣子的統計不算統計，星座分析的源頭應該還是在於神話故事，隨著時間的發展，把每一個月份搭配上星像中的天神或代表物，然後將天神或代表物的個性以文字描述出來，以後在某一個月份出生的就是這一個天神或代表物在人世中的化身，當然個性上也要相近。很多人看了這些星座的分析，希望自己就像是那個星座所代表天神的特性，想像久了說不定就變真的。

　　只是這世界上的人太多，數十億人口卻只分成十二類，很多現象就難以解釋。針對這樣子的質疑，現在星座研究的分類複雜性，已經不是我在小時候看到的十二星座，每個星座又可以分成水象、火象、土象、風象，還有月亮、太陽、上升等更細部的分類，有些還會配合上血型，接著透過不斷地解釋，可以有更多種的變化。

　　其他的算命方式也類似，早期一個村落幾百人，頂多上千人，簡單的算命術就可以解決這些人數算命的需求。但是，隨著世界的互動逐漸緊密，過於簡單的算命術已經欠缺了說服力，必須要透過後人不斷地解釋，讓原本單純的算命內容逐漸地複雜化，才能應付逐漸複雜與數量龐大的人。只是這些占星術、手相、解夢在科學家的眼中是經不起嚴格的考驗[39]。無論如何，看來我不得不去拿幾本書來學習學習，否則當大家都在聊星座的時候，而我卻一點都插不上話。

2 從電影「分歧者」談起

　　以一本探討人際關係為主軸的書，我們要從什麼角度切入占星術這個主題呢？我認為可以思考下面這兩個問題：

　　⑴在什麼情況下，你可以用占星術推測對方的個性？

　　⑵在什麼情況下，你可以用占星術做為與對方聊天的素材？

---

[39] Matthew Hertenstein，《以貌取人，再也不會看錯人》，第26頁。

經過了一段時間的研究調查、閱讀文獻，終於找到了占星術準不準的答案。本段文章，將把這一段研究過程，與各位分享。

　　探討星座在這個社會中的價值與地位，這讓我想起一部電影「分歧者」（Divergent），電影的劇情將這個世界分成五種人，無畏派崇尚勇敢、博學派重視知識、直言派厭惡謊言、克己派大公無私、友好派愛好和平，每個人在17歲時，都要接受測驗以瞭解自己適合哪個派別。這部電影裡面，每個人都要經過測驗來分類，這是一個經過實證的分析並進行歸納的結果。我們可以用下列流程圖來說明：

個性 → 特定方法分析 → 分類

　　雖然有人認為占星學已經有完整的系統，只要知道出生年月日時分、地點，以及性別即可，但這些是沒有經過實證的分析與歸納。因此，反而是相信星座的人會依照星座特性而相信自己就是那樣的人，即使不是那樣子的人，也可能因此而改變自己，讓自己逐漸像星座分析所描述的個性。我們可以用下列流程圖來說明：

知道星座 → 自我改變 → 符合星座描述內容

　　星座會改變人的行為，這一個論點必須要談到Hans Eysenck教授的實驗。Eysenck教授曾經與知名的占星家

Jeff Mayo合作，一開始Eysenck教授蒐集了Mayo的客戶資料，並且填寫Eysenck人格量表，結果發現星座確實與個性有關，這個研究可是讓星座界興奮不已。可是後來Eysenck教授覺得不太對，因為受測者都是Mayo的客戶，幾乎都是星座的擁護者，這樣子的實驗容易發生誤解。接著，Eysenck教授又找了1,000名兒童，結果星座與個性找不到相關聯，後來也針對成人進行另一次的研究，當然這次也有衡量受測者對於星座的認知，結果是很清楚星座對於個性影響的人，會發生測驗結果與星座型態相符；反之，不懂星座的人，其個性與星座型態的個性不相符合[40]。

近年來，「大數據」（BIG DATA）快速發展，也許逐漸會有更多有趣月份的分析結果出爐，將能夠解決掉過去占星學歸納、統計不足的缺點。舉個例子，家樂福取得會員的信用卡資料，又有會員的月份資料，能否分析出八月出生的會員最喜歡購買的物品是什麼？假設得出來的結果是食品類的比例，相較於一月份出生的比例高出一倍，那也許就可以代表說八月份出生的人比較愛吃。只是，這還要等到未來有研究成果出現[41]。

---

[40] Richard Wiseman，《怪咖心理學》，第23-25頁。H. J. Eysenck & D. K. B. Nias, Astrology: Science or Superstition? Penguin Books (1982).

[41] 有研究者以占星術為基礎，然後提供人格問卷讓人們填寫，再配合原有的星座資料進行比對，得出一個結論。參照http://www.trans4mind.com/personality/EPQ.html。此外，Astro 數據庫，收藏有超過35,000個出生圖，並可免費使用，包括了出生圖繪製以及數以千計的人物傳記。http://www.astro.com/astro-databank/Main_Page。

總之，可以分成兩種情況：

⑴相信且熟悉占星術的人：有些人原本也許不是占星術上所
描述那種個性的人，但因為相信占星術，看到占星術上所
描述的個性，就逐漸變成那種個性。

⑵不相信或不瞭解占星術內容的人：無關聯性。

我在調查周遭朋友是否相信占星術時，發現有些人會質疑
占星術，甚至於覺得不太準，像是「我覺得我有巨蟹的愛家、
雙魚的溫柔、天蠍的執著、牡羊的衝勁……等，但其實我是處
女座的」、「天蠍不覺得自己心機重、雙子不覺得自己有雙重人
格，我是金牛也不覺得自己固執」這樣子的對談內容，代表雙
方還是可以把星座當成話題。

因此，星座有沒有效，要
看當事人是否相信星座。相信
的話會改變人的個性，可以用
占星術去解讀對方，見面的時
候也可以聊聊占星術的內容，
有助於雙方的溝通；如果對方
不相信或根本搞不清楚的話，
就不必用星座去推測對方或做
為聊天的內容。

還有一個有趣的現象，即便我找了許多資料，證明占星術其實並不準這個論點的證據，並且很客氣地詢問朋友「我可以分享一段我對於占星術的研究成果給你知道嗎？」幾乎都願意看，但很多朋友聽完這個論點，你再問對方對於占星術的看法：「如果看完了，你認為占星術對你的影響為何？」大多數的人依舊還是很高興地高談闊論，暢談自己對於占星術研究的心得，一點都沒有受我的「視情況準或不準」的論點受到影響，尤其是女性友人。所以，占星術是一個人際關係聊天的好素材。

以下三點也要特別注意：

(1)如果女性主動探知男生是什麼星座，可能代表對男生有意思。

(2)女生會認為男性比較不著迷星座，如果男生很熟悉星座，通常是以把妹為目的。

(3)如果女性對你沒啥意思，男生劈頭就以星座為開場白，通常會認為這個男生沒啥腦袋。

3 哪個月份出生的小孩，未來最有成就？

《異數》這一本書也提到，加拿大曲棍球代表隊的一個鐵律：為什麼不管哪一個明星隊伍，40%的球員都是在1到3

月間出生的，30%則是在4到6月間，20%在7到9月間，只有10%在10到12月出生[42]？

答案很簡單，加拿大曲棍球年齡分級的分界是1月1日，凡是1月1日到12月31日出生，都屬於同一個年齡組別。同一個年齡組別中，1月出生的通常比12月出生的身強體壯許多，在面對國家代表隊的甄選時，通過的機會當然比較高。

類似的分析也在其他研究中出現，像是荷蘭心理學家Ad Dudink研究英國職業足球選手後，發現9到11月出生的人數大約是6到8月出生人數的兩倍[43]。這一項研究與該足球賽的賽制有關，該球賽開始是起於8月，至少須年滿17歲才有資格參加，9到11月的選手會比6到8月的選手大很多，多了接近一年的訓練，表現通常會比較好[44]。一開始看到這樣子的分析，我覺得蠻有趣的，國內是否也有類似的情況？於是我翻了一下2013年經典賽的名單，總共26人，雖然只有整理這一份資料，但就當作飯後的小分析，看看是否有類似的情況：

首先，從網路上找出名單，再填上這些棒球選手的出生年月日。可是這樣子看是看不出所以然，必須要稍微分類整理一下。整理完畢後，卻發現有類似的現象，第一季居然占53.85%，第二季的比例卻是0%，相較於第一季的人數，第

[42] Malcolm Gladwell，《異數》，第18-20頁。
[43] Birth date and sporting success, Nature。http://www.readcube.com/articles/10.1038/368592a0
[44] Richard Wiseman，《怪咖心理學》，第37-38頁。

三、四季的人數比例，當然也就少了許多。不過，要再次強調的是，這一項小小的分析，因為統計的球員人數比較少，所以此一結果僅能供參考。

2013年第三屆世界棒球經典賽球員生日統計

		月	日	年			月	日	年
投 手	王建民	3	31	1980	捕 手	鄭達鴻	1	12	1981
投 手	郭泓志	7	23	1981	內野手	彭政閔	8	6	1978
投 手	陳鴻文	2	3	1986	內野手	陳江和	1	15	1982
投 手	林煜清	12	29	1988	內野手	林智勝	1	1	1982
投 手	黃欽智	1	18	1978	內野手	郭嚴文	10	25	1988
投 手	潘威倫	3	5	1982	內野手	林益全	11	11	1985
投 手	羅錦龍	8	20	1985	內野手	陳鏞基	7	13	1983
投 手	王鏡銘	1	16	1986	內野手	林 瀚	1	24	1985
投 手	林羿豪	1	2	1991	外野手	周思齊	10	26	1981
投 手	王溢正	10	9	1985	外野手	張正偉	8	5	1986
投 手	陽耀勳	1	22	1983	外野手	張建銘	7	27	1980
捕 手	高志綱	2	7	1981	外野手	陽岱鋼	1	17	1987
捕 手	林泓育	3	21	1986	外野手	林哲瑄	9	21	1988

月分	人數	比例	各季	比例	月分	人數	比例	各季	比例
1	9	34.62%			7	3	11.54%		
2	2	7.69%	14	53.85%	8	3	11.54%	7	26.92%
3	3	11.54%			9	1	3.85%		
4	0	0.00%			10	3	11.54%		
5	0	0.00%	0	0.00%	11	1	3.85%	5	19.23%
6	0	0.00%			12	1	3.85%		
					總人數比例	26	100%		

從上列結果，可以做一個假設：同一個組別，年紀愈大、身體心智上比較成熟，競爭上較易勝出，當然也容易獲得比較好的成就。同樣地，我們的入學是9月1日開始，同一屆同學最年輕的是8月31日（有些雖然是9月生，但可能會提早入學），所以假設：9月1日到12月31日的成就會比較好。

　　接著我又去蒐集政界人士的基本資料，除了年月日之外，我還盡量蒐集是否為政治世家、家庭是否富裕等因素，資料如下：（共計28人）

姓名	月	日	年	偏向政黨	家境	政治世家背景
陳水扁	10	12	1950	民進黨	×	無
馬英九	7	13	1950	國民黨	OK	有
連戰	8	27	1936	國民黨	OK	有
連勝文	2	3	1970	國民黨	OK	有
朱立倫	6	7	1961	國民黨	OK	有
柯文哲	8	6	1959	無黨籍	OK	
呂秀蓮	6	7	1944	民進黨	小康	地方望族
蘇貞昌	7	28	1947	民進黨	×	曾經不錯
蘇煥智	7	20	1956	民進黨		
許信良	5	27	1941	民進黨	OK	地方望族
蔡同榮	6	13	1935	民進黨	OK	有
陳致中	1	22	1979	民進黨	OK	有
蔡英文	8	31	1956	民進黨	OK	地方望族
胡志強	5	15	1948	國民黨		

姓名	月	日	年	偏向政黨	家境	政治世家背景
謝長廷	5	18	1946	民進黨		
郝柏村	7	13	1919	國民黨		
郝龍斌	8	22	1952	國民黨	OK	有
吳敦義	1	30	1948	國民黨	OK	有
王金平	3	17	1941	國民黨	OK	
陳菊	6	10	1950	民進黨		
賴清德	10	6	1959	民進黨	×	無
吳伯雄	6	19	1939	國民黨	OK	地方望族
吳志揚	2	8	1969	國民黨	OK	有
游錫堃	4	25	1948	民進黨	×	無
陳定南	9	20	1943	民進黨	×	無
宋楚瑜	3	16	1942	親民黨	OK	有
洪秀柱	4	7	1948	國民黨	×	原本有，但後來變成二二八受害者

把上述政治人物的出生月份資料整理如下表：

月份	人數	比例	月份	人數	比例
1月	2	7.41%	7月	4	14.81%
2月	2	7.41%	8月	4	14.81%
3月	2	7.41%	9月	1	3.70%
4月	2	7.41%	10月	2	7.41%
5月	3	11.11%	11月	0	0%
6月	5	18.52%	12月	0	0%

資料引自維基百科

79

結果發現一個更有趣的現象，9-12月份出生的政治人物只有三位，陳水扁、賴清德、陳定南，而且家庭背景都是貧困出生。這樣子的結果似乎與之前的假設結論相反，或許是有錢人家、政治人物都希望早點生出來，比別人早一點完成學業，即使跟同年齡心智、身體的成熟度相較，比較無法競爭，但家中有很多資源可以栽培小孩子，也比較不擔心成熟度的問題。

所以，上述資料中，6-8月份就占了大約50%，或許是「起步早、成功早」的觀念作祟，現代人比較不會有這種想法，像是陳致中1月22日出生（陳致中嚴格來說是被迫進入政治圈），其他像是馬唯中（藝術界，11月24日）；胡婷婷（9月11日），已經不太有這種「起步早、成功早」的觀念。

反之，如果中產階級或貧窮人家的小孩子想要在一級政治戰區出頭，就必須早一點出生，讓心智、身體的成熟度比同年齡層還要好、成績就會比較好，也比較容易出頭成功。我個人也是8月出生，確實在身體與心智上的成熟度比較慢，除非老師特別給機會，否則不太可能出頭。或許這也是我國小課業普通、沒當過班長的主要原因吧！

許多研究也提出類似的見解，John F. Bell 與 Sandra Daniels 所做的研究「Are Summer-born Children Disadvantaged? The Birthdate Effect in Education」指出，夏天出生的小孩比秋天出生的小孩，在APU科學測驗中表現較不佳，愈年輕的小孩現象愈明顯，老師應該注意一下這

種制度架構下所造成小孩成長的差異。

此外，有實驗顯示3月到8月出生的，47.9%認為自己很幸運；9月到2月出生的，44.9%認為自己很幸運。雖然這樣子的差距不大，但很多因素會受到基因、環境的影響，月份可能帶來的影響是「溫度」，即使差距只有一點點，但仍舊深具意義[45]。本研究的學者之一是Richard Wiseman教授，他認為有可能是冬天出生的嬰兒比夏天出生的嬰兒更為辛苦，與看顧者比較親近，因此不愛冒險，人生感覺也比較不是那麼幸運[46]。Richard Wiseman教授後來又獲得一次機會，跑去紐西

---

[45] Born lucky? The relationship between feeling lucky and month of birth，http://www.richardwiseman.com/resources/Born_lucky_PAID_2005.pdf。
[46] Richard Wiseman，《怪咖心理學》，第42頁。

蘭的科學展中再做一次相同的實驗，實驗的結果支持溫度的論點，這一次高點就相反了，9月到2月出生的人，相較於3月到8月出生的，感覺比較好運，高峰在12月，低點在4月[47]。

總之，你的小孩子如果是想要具備有領袖性格，還是最好在9月至12月出生比較好，就能靠小孩子的心智與體能的優勢，來完成適者生存的任務。因為我們位處於北半球，所以可能會出現覺得比較不幸運、比較不愛冒險的個性，或許可以調整一下成長環境的溫度，應該會讓小朋有降低不幸運的感覺，以及不愛冒險的個性。

4 巴納姆效應

巴納姆效應（Barnum effect，又稱佛瑞效應，Forer effect），人們會對於他們認為是為自己量身訂做的一些人格描述給予高度準確的評價，而這些描述往往十分模糊及普遍，以致能夠放諸四海皆準適用於很多人身上[48]。

心理學家佛瑞（Bertram Forer）於1948年對學生進行一項人格測驗，並根據測驗結果分析。試後學生對測驗結果與本身特質的契合度評分，0分最低，5分最高。事實上，所有學生得到的「個人分析」都是相同的，但大家卻誤以為是為自己量身訂做：

---

[47] Richard Wiseman，《怪咖心理學》，第43頁。
[48] Malcolm Gladwell，《大開眼界》，第330頁。

❖ 你祈求受到他人喜愛，卻對自己有些期待。

❖ 雖然人格有些缺陷，大體而言你都有辦法彌補。

❖ 你擁有可觀的未開發潛能，尚未就你的長處發揮。

❖ 看似強硬、嚴格自律的外在掩蓋著不安與憂慮的内心。

❖ 許多時候，你嚴重的質疑自己是否做了對的事情或正確的
決定。

❖ 你喜歡一定程度的變動，並在受限時感到不滿。

❖ 你為自己是獨立思想者自豪，並且不會接受沒有充分證據
的言論。

❖ 你認為對他人過度坦率是不明智的。

❖ 有些時候你外向、親和、充滿社會性，有些時候你卻内
向、謹慎而沉默。

❖ 你的一些抱負是不切實際的。

結果平均評分為4.26，在評分之後才揭曉，佛瑞是從星
座與人格關係的描述中蒐集出這些内容。從分析報告的描述可
見，很多語句是適用於任何人，這些語句後來以巴納姆命名為
巴納姆語句。

近期有許多以「冷讀術」議題的書籍，也是在探討一樣的
問題。像是知名的魔術師依安‧洛藍（Ian Rowland）所寫的
《冷讀術完整揭露》（The full facts books of cold reading）
書中就提到許多招數，像是彩虹騙術（Rainbow Ruse），這

是一種全方面的說法，先說正面再補充反面。舉兩個例子如下：

(1)基本上，你是一個樂觀的人，再多的困難也很難打擊到你，但有時候在某些情況下，你也是會灰心，抱怨這抱怨那的。

(2)整體來說，你是一位對未來較少積極期待的人，但如果符合某些特殊心境，仍然能讓你潛在的能量爆發出來。

這兩種講法差不多，第一種講法比較正面，描述對方是一個正面的人，但偶爾也會有負面的情況；第二種講法則是相反。每個人都喜歡聽好聽的話，所以第一種講法比較討喜。

這種冷讀術的現象也出現在犯罪側寫檔案中。《鑑識心理學者的個案研究》(The Forensic Psychologist's Casebook)一書的作者勞倫斯‧艾莉森(Laurence Alison)就曾經檢視聯邦調查局的犯罪側寫檔案，經其審視相關檔案時，逐句進行側寫分析，發現充滿了互相矛盾、無法驗證、模擬兩可的句子，這些內容隨著閱讀者的心境而有不同的解讀，與冷讀術有異曲同工之妙[49]。不管是犯罪側寫，或者是算命仙的冷讀術，錯的部分很快就會被遺忘，但講對的部分卻會讓你一戰成名。

---

[49] Malcolm Gladwell，《大開眼界》，第 329-330 頁。

5 如何成為星座專家？

回到之前在網路上所做的非正式研究調查，總共有70人回覆，大約60%的朋友都會選擇將星座做為交友的參考，比例算是相當高的，這也符合一般的觀察：大家都很喜歡討論星座。如果幸運的話，你想要追求的對象剛好與你的星座是登對的，這時候一定要不經意地談到星座，讓她的心中產生一條正向的連結。

比較麻煩的情況則是相反，在星座的分析上，發現她的星座與你不是那麼合的來，或者是對方排斥與某些星座交往，這時候該怎麼辦？

建議可以將一些自己的資訊模糊化，例如忘記自己具體的出生時與分，可以推說當初並沒有這份資料，或者是這份資料不記得放在哪裡。再加上現在占星學複雜化，什麼太陽、上升、金星、水星、火星、還有月亮，一大堆的細部分析，讓自己的個性可以有許多轉圜的空間，也就是可以透過解釋，使得原本相衝突的兩個星座，解釋成為相契合的星座。

實際運作上，如果對方喜歡你，就會看到星座分析中對彼此有利的部分；如果不喜歡你，就會找到對彼此不利的部分。畢竟星座是一個不合邏輯的有趣玩意兒，想要在不合邏輯中找到邏輯，那可是不可能的任務！所以大家就各取所需吧！

只是若有必要分析星座，至少要會一些專有名詞，才可以讓自己成為別人眼中的星座專家，還記得之前講的「專家，讓你不再思考」的章節嗎？只要你看起來像是專家，對方不會產生質疑，就不會去自行分析。你與對方的星座是如何契合，那也端視你的口才如何，反正現在星座那麼複雜，能搞懂星座學的人可是少之又少。

6 神人的冷讀術

有一次去彰化算命，聽說很準，一到了那邊，問我「笑」什麼？當時愣了一下，來算命要尊重算命師，怎麼敢亂笑。後來朋友暗示我一下，算命師是問「肖」什麼？聽不太懂台語的我尷尬了一下，說出了自己的生肖。只見算命師屈指一算，說了一句讓我永遠不相信算命的數字：「你今年20歲。」心裡好想笑出來，因為整整差一輪。

後來我就對於算命這件事情產生興趣，發現許多朋友喜歡算命，而且都非常相信。這讓我很好奇，到底是什麼方法，讓這些朋友們趨之若鶩。更神奇的一件事，知名的詐欺犯黃琪，在16歲就假裝是有名的塔羅牌大師，在2008年9月間，時任總統的陳水扁先生密訪黃琪，他把總統先生騙得團團轉。

　　黃琪還有很多知名的事蹟，後來更假冒頂新集團的小開向美國運通辦了張黑卡，盜刷六百多萬元。後來又據此追查到他曾經詐騙一名宋姓女子，假裝要投資高雄豪宅「都廳苑」，以父親管教嚴格為名，要求宋姓女子先匯款數百萬元。後來連名媛何麗玲都陪同黃琪看房子，宋姓女子見兩人狀似熟稔，更加深信他。事後檢警追查發現，何麗玲與黃琪根本不熟，可能是黃琪在高鐵車箱中偶然聽到何麗玲想要來看都廳苑的房子，所以又順便使了點詐術，一起來看房子，順便找了宋姓女子前來，才讓宋姓女子被騙得團團轉。

　　無論是算命、黃琪或者是一些宗教詐騙，一定有發展出一套打動人心的說詞，我們必須要小心別人將這一套詐騙技巧用在自己的身上，因此每個人都有研究的必要。以前我看過一本書，你要成為頂尖的算命師，或者是心靈大師，一定要學會講一句話。這句話是什麼呢？很簡單，跟著我大聲說一遍：

我想……你心中已經有了答案

　　有一位朋友聽到我講了這句話，回說想起來泰國已故大師「白龍王」，但這樣講有錯嗎？沒有錯，人在面對困難的時候，要的未必是確定的答案，不需要系統二的理性思考，反而有可能只是需要心靈上的安定，只需要運用系統一就能夠解決人性的需求，藉此熬過生命中的重重難關。

許多算命師看起來很準確，但有時候只是靠著說話的技巧，可以稱之為「冷讀術」，與魔術界所謂的「魔術師的選擇」有著異曲同工之妙，也就是從細部觀察對方，透過一些語言的技巧來準確預測一些事物。換言之，看起來似乎是算命師能探知過去與未來或者是魔術師的神奇魔力，但其實都不是，只是一種說話或各種觀察技巧讓你頭暈。

　　讓我們舉個「同步性」的例子，例如猜對方的血型是什麼？可以這樣子說……

　　算命師說：「你相信同步性嗎？」

　　「什麼是同步性？」

　　算命師給了個過量的訊息，正當對方搞不清楚狀況的時候，就說：「宇宙循環的能量是很奧妙的，有時候相同的事情會在同一刻出現，我今天算了6個人的命，血型都是B型的……」

　　這時候比較單純的客人會說：「我也是B型耶！」

　　當然也有很多人比較內向，但有經驗的算命師看著對方表情的反應，大概就可以猜出對方是不是B型。假設算命師從經驗上來觀察對方的表情，認為沒有太大的反應的話，就表示她不是B型。此時，只要說「好不容易遇到第7個人的你，不是B型」就好了。

　　如果實在無法預測出來，也沒關係，只要淡然地說出：「你應該也不會是B型吧！」如果是，就準備請君入甕，如果

不是,那也沒關係,還有很多機會可以分析。

　　通常會來算命的客人內心都因為有疑惑而脆弱,可能是事業、家庭、愛情,要不然就是健康。只要有一點準,回家一定替算命師廣為宣傳。

　　要不然就是說些中性的話,讓對方架設「框架」去解讀。

　　例如「你不知道如何是好,感到很困惑?」,「你心裡幾乎已有答案,但又缺乏自信。是不是這種狀況?」等等……

　　當然還有一些很廢話的分析,像是「你睡眠不好」,每個人都有睡眠不好的問題;「你的肝不好」,現代人操勞過度,尤其是當看到眼圈很黑的人,這樣子說就沒錯了。

　　人格分析上也是許多廢話,來舉一些例子:

　⑴妳是那種看對方高興比自己高興更重要的人,對不對?

　⑵妳在感情方面的直覺格外敏銳?

　⑶妳很在乎對方,但對方有時候會誤解妳的心意?

　⑷妳在戀愛中曾經遭到背叛?

　⑸妳喜歡對方時,為了迎合他的期待,有時會勉強自己?

　　不過這種說話技巧也不是都那麼負面,很多時候只要讓對方聽起來有努力的方向,就可以安定對方的心情,或者是具備正面鼓舞他人的力量,倒也不是壞事。人們對於讚美或特定想關注的點,大腦就會自動放大,就像是投資一樣,會不斷地放大自己賺錢的成功,賠錢方面總是不願意面對。因此我們可以

把讚美他人的方式，透過冷讀術的術語來稱讚對方，像是「我覺得你對事物的反應格外敏銳，也難怪這次老闆交代的任務能做得那麼好，客人都被你應付的服服貼貼，這邊還有一個很重要的任務，是否可以請你也幫忙一下呢？」

所謂「反應格外敏銳」，算是很抽象的評斷，再加上客戶服服貼貼這件事情，屬於功勞可以算他也可以不算他的客觀現象，反正重點在於這樣子的說法會創造對方工作上的信心，當然也有助於工作目標的達成。

「廢話」，或許這樣子說並不妥當，讓我們改成「中性的抽象讚美詞」，成為人與人的關係潤滑劑。

〈 結論與建議 〉

◎ 與相信星座的人聊天，可以以星座作為聊天的話題：相信星座的人，個性會受到星座分析的影響。

◎ 中產階級以下的家庭，要培養下一代成為一級政治人物，首要工作是小孩子以9月到12月出生的機率較佳。一級政治人物大多是政治世家或有錢人所掌控，社會階級流動的情況不佳。

◎ 1月至3月出生的小朋友，長大成為成功的棒球選手，機率比較高，但要看選拔選手的機制。8月出生的小孩子個性比較溫和，國小當班長的機率較低。

◎ 可以透過冷讀術的中性用詞，提升彼此之間的關係。

7 面對群眾的表達魅力

1 選擇美麗的女助理站在門口

　　活潑外向、善於表達的人比較受歡迎，雖然我們不該以單一項目——表達力來評判一個人，但表達力的光環效果真的很驚人。美國康乃爾大學行為科學家史蒂芬‧賽西（Stephen Ceci）教授所主導的研究團隊進行了一項表達力的實驗，賽西將完全一樣的課程，分別對秋季班與春季班的學生進行講授，唯一的差別是春季班的教學改以熱情洋溢的方式講課，最後兩門課都請學生評鑑，結果發現學生對老師和課程的印象都變得更好，評價上有相當顯著的差異，甚至學生反應於春季班的吸收狀況變得更好，但學生成績其實沒有差別[50]。

　　我常常詢問學生描述有正面印象的大學老師，通常學生都會描述一下這些老師的上課狀況，而且很肯定老師的專業，即使我覺得學生不太能判斷專業程度。有部分的老師我還認識，從私下交往來說都具有表達能力，即便表達能力未必等同於學術能力，但還是產生效力強大的力量。

---

[50] Matthew Hertenstein，《以貌取人，再也不會看錯人》，第208-211頁。Ceci, Stephen J. 等著, How'm I Doing?" Problems with Student Ratings of Instructors and Courses。

不過，對外針對社會人士所開設的課程，還是要多利用一些系統一的教法。不管你的課程內容是多豐富、多麼有料，或是多麼無聊，都必須透過系統一的刺激，講講笑話，讓你的課程更具有好的口碑。畢竟上課時，連內容是什麼都因為學生睡著而無法聽入腦中，又如何能夠把好的課程傳播出去？

知名的研究學者金巴多，在其成名的「史丹佛監獄實驗」前，也曾經做過一個有趣的實驗。受測者在聆聽演說時，安排一位美麗且穿得有點暴露的女助理站在入口處等待，當然前提必須是聽講的男性居多。實驗結果，發現沒有助理在場或者是助理比較不吸引人，受測者比較不會認同主講者的話[51]。只是光靠美麗的助理也頂多是創造一個美好的情境，讓演講的感受也會隨同正面。但若演講內容很無聊，再美麗的女助理也沒有用。

「正義：一場思辯之旅」12分鐘的影片中，哈佛Michael Sandel教授的上課內容非常地精彩，所以其上課內容已經成為最受歡迎的開放性課程之一；其教學方法就很純熟，例如他想要帶動現場歡樂的氣氛，會在講內容之前，停頓一下，讓學生看著他臉上的「微表情」是準備要講好笑的事情，學員就比較容易覺得後面的內容是很有趣的，可以稱之為「氣氛發酵」。但這種微表情說起來很容易，真正要能夠輕鬆掌握群眾的反應還是要靠不斷地練習，所以我在自己私下的訓練團體

---

51 亨瑞克‧費克賽斯，《讀心術大師教你比催眠更厲害的溝通術》，第46頁。

中，特別著重於簡報力、口條力（口調力），還有表達力。

　　練武術的人最懊惱的是空有一身功力，但真正要對打的時候，卻因為欠缺實戰經驗而無法表現得很好。找機會練習、不斷地練習，遵守「一萬個小時」的理論，只要不是練習到全身是傷，一定可以把反應練到極高的境界。為了瞭解「正義：一場思辯之旅」那一段12分鐘影片講述的「電車困境」，看了超過100遍，而且跟著教授的台詞講，再找些朋友、學生來分享這段影片的心得與發現，不但能夠更深刻地體會影片中所要傳達的道理外，還可以跟Michael Sandel教授學會很多上課技巧。

2 一萬個小時的A級講師

　　我覺得在大學畢業之前應該要累積1,000個小時的演講、上台報告，或其他分享經驗。這個數字對大多數的台灣學子來說是可望不可及。原因蠻簡單的，國內教育制度太重視「好成績、好學校、好工作」的三好概念，所以只要成績好，就是好學生。這種根深蒂固的觀念導致過去多年來升學勝過一切，學生上台報告的能力不斷被壓抑，即使近幾年來不斷地推動教改，但還

是沒有太大的成效，學生大多數不習慣發言，只能靠零星的報告來練習自我表達。

我常常在算自己已經達到多少小時的上台演講經驗。很幸運地，因為自身背景是老師，實習6次、每次5天、每天8小時，就有個240小時。再加上專科畢業分發後，國小教書4年，扣除掉寒暑假，實際教學9個月（每月22天），一年大約200天計算、每天8小時、6,400小時。因為我的學習過程很少上台，所以省略不算。當時，剛好是輔仁大學法律系（夜間部）畢業，大約累積了6,640小時。

碩士、博士上台報告累積時數有限，研討會上台報告的時數也很少，所以省略不算。92年大學兼任教書迄今，每週假設平均6小時，迄今12年、每年兩學期36週，共2,592小時。92年演講迄今，每年大約35場、每場2小時、迄今12年，共840小時……累計約10,072小時。換言之，於2014年底，業已完成《異數》這本書所提到10,000個小時的里程碑。

今年的演講特別有感覺，這種感覺很奇妙，每次上了台，總是知道該如何暖場以引起聽眾的最大共鳴，再加上演講的主題變化不大，案例非常熟悉，可以把效果最好的簡報檔整理出來，整合成一個非常精采的演講。但也要提醒自己主題即使相同或差不多，內容還是要不斷地翻新，才能有不同的梗，讓聽眾能學到更多不同的東西。

　　未來，每年大學兼任教書，每週假設平均6小時、每學年36週，共216時。演講每年大約50場、每場2小時，共100小時。所以每年可以持續增加316小時，功力將愈來愈棒。更重要的是，今年開始快速擴大研究領域，並同時將研究成果發表出來，由於累積的內容已經相當豐富，每個內容幾乎都有進行過多次的測試，所以正式上場的時候，總是有不錯的反應與回饋。

　　上述是我個人演講力發展的經驗，對於一般大學生或剛出社會的新鮮人，甚至於望子成龍、望女成鳳的父母，我的建議是這樣子：

　　假設11-22歲是主要訓練的期間，共計12年，每年90個小時、每個學期45個小時、每個學期4.5個月、每個月10小時、每個月上課22天，也就是每天要有0.45小時的練習。

　　聽起來很難，但也不會太難，雖然每個人分配到上台的時間不多，甚至於一週不到一次，但下了課也可以對著鏡子來複習課業，達到複習課業與演講力雙重訓練的目的。每一週親子間也可以來舉辦一場說故事比賽，特別的節日也要輪流發表一下感言，像是生日不要只是講生日快樂、唱生日快樂歌，還可以講一下一年來對於壽星最深刻的小故事，每次結束後，可以記錄一下，如果時間不長，就寫「生日心得發表乙次」也可以，由小地方開始累積，加上時間的因素，功力一定會大增。

3 | 如何蒐集與眾不同的演講素材？

最近新研究的領域，偏重於行為經濟學、心理學的書籍，個人的做法會先把市場上的重要書籍都先買下來，慢慢地建立核心架構，近期銷售比較好的翻譯書，發現都會有一些共通的現象，就是舉了很多有趣的實驗，貫穿整個作者想要表達的意念，讓讀者認為可信度更高，然後有些書會引述一些耳熟能詳的例子，再將實驗結果與例子結合在一起，做為驗證其見解的依據。

參考國外相關書籍的寫作方法，我也把這個方法放入演講的素材中，因此通常我都會加上一些國外客觀的研究，當作我演講內容解說的基礎。這樣子的教材，可以避免讓自己的經驗流於主觀，畢竟透過一些比較知名的研究成果，可以提高論述上的客觀性與可信度。另外一方面，人的大腦是懶惰的，只要有一位專家的建議，就可以省去很多大腦思考能量的消耗，讓人類的大腦卸載（off-loading）。所以如果能提出國外知名的研究為基礎，就比較能夠說服對方，讓對方願意聽從自己的意見。

當然，蒐集這些領域的學術資料相當費時，閱讀的速度也不快，一天可能才能看完一篇，再加上國內的研究相對來說比較慢，很多新的研究領域要很久才會出現在國內文獻中。因此

我通常都先找國外的研究報告，英文的閱讀能力如果比較差，那就更費工夫了。

　　過去研究所的訓練，老師對於英文閱讀能力的要求很嚴格，而且一定要會查詢相關的學術系統，這個磨練的過程也超過了十年，無論過程有多麼的辛苦，長期累積下來，對自己在資料蒐集方面當然有極大的幫助。現在常常會擔任研究生的口試委員，很多學生的論文幾乎沒看國外文獻，經過初步問了一下為何不看國外文獻，大多是不太會使用學術查詢系統，再加上英文不好，不願意下工夫，只是想要混個文憑。但論文如果少了很多學術文獻的基礎，呈現出來的演講素材就平平淡淡，沒什麼特色了。從學術研究中，找些有趣、新鮮、特殊的素材，有助於讓你成為眾人的焦點。

　　最近市場上行銷學很喜歡從大腦的研究出發，姑且稱之為「大腦行銷學」。這個領域從心理學、行為經濟學到大腦神經學等領域，已經有相當豐富的研究論文，可以找到許多豐富的資料。而行銷學可以用在許多領域，像是行銷自己這一個品牌，或者是瞭解行銷學的背景科學，就可以更認識人類的行為表現，像是我本身在外面常常主講大腦科學的領域，這些知識對我就非常有幫助。

4 先假裝，再成真

> 先假裝，再成真。
> Fake it till you become it.

TED Talks是知名的非營利組織，TED是Technology, Entertainment, Design的英文縮寫，即技術、娛樂、設計。最有名的就是TED大會，各界名人用最短的時間（目前大約18分鐘），分享自己的經驗與研究心得，個人時常透過網路看到一些新的點子，還有許多很棒的演講技巧，其中有一場由知名的Amy Cuddy教授所講授，主題是「肢體語言塑造你自己」，解釋如何藉由權勢型的動作來改變你的表現[52]。

因為我在大學任教的學生，大多數是還沒有出過社會的大二大三生，過幾年就要面對找工作應徵的挑戰，或者是選擇研究所而必須面對口試的歷練，如何有效地表達自己很重要，因此我都會帶著學生把這段影片看完。說真的，Amy Cuddy教授前面講授的內容有點枯燥，大多數的學生看到一半都會有些分心，所以在播放片子之前，也都會事先說明內容會有一些無

---

[52] 參照http://www.ted.com/talks/amy_cuddy_your_body_language_shapes_who_you_are。或參考The Benefit of Power Posing Before a High-Stakes Social Evaluation，http://dash.harvard.edu/bitstream/handle/1/9547823/13-027.pdf。

聊，但也強調這段影片的結尾將是極為少見全體觀眾站起來鼓掌的演說。強調精彩需要沉默的鋪陳，學生也比較會耐著性子看完，否則早就去滑手機了。

這段影片的重點是只要擺著「高權力姿勢」（High-power pose）2分鐘，就可以影響體內的化學成分，睪固酮會增加、腎上腺皮質醇會減少，可以改變身體的化學變化，進而影響自己的表現。小小的動作改變就可能影響自己的表現，千萬別到事後才懊悔為何剛剛表現欠佳，可能只是在準備應徵面試或研究所口試前的等待時間，你的動作

⋂ 高權力姿勢

因為滑手機而縮在一起，變成了「低權力姿勢」（Low-power pose）。

所以，當我們在準備應徵新工作前，前一位口試者已經進去了，自己正在外面的等候位子上坐著，除了反覆想像等下可能出現的問題，還可以嘗試著把自己的動作放大、右手輕鬆地擺在右方椅背上、叉腰、雙手枕在後腦勺，或者是像猩猩一樣雙手放在桌子，身體微微前傾的示威動作，只要2分鐘，就可以改變即將來臨的口試表現。

這一段影片感人的地方，在於 Amy Cuddy 教授談到自己在大學的時候發生車禍，導致智力嚴重受損，個性不服輸的她比同儕多花了 4 年的時間才從大學畢業，並且順利進入普林斯頓大學就讀。

當時她認為自己沒有資格進該所學校，是個冒牌貨。

有一次要面對大約 20 位哈佛大學學生的演講，但她害怕極了，很擔心被發現是冒牌貨，於是前一天晚上向教授表示希望能取消這場演講。但教授表示不行，我已經壓賭注在你身上，你得留下來完成演講，你要假裝自己是正牌的普林斯頓學生，每個邀請你去主講的演講，你都得照辦，你得不斷地講、不斷地講，即使怕了、癱了、魂不附體，直到你發現，這些都已經成為你的一部分，你已經是正牌的普林斯頓人。

後來 Amy Cuddy 教授陸續在西北大學、哈佛大學任教，當時她還是認為自己不適合在那邊，也發現一位學生不太參與共同討論，沒說過半句話，Amy Cuddy 教授於是警告她再不參與就會被當。這名學生過一陣子很垂頭喪氣地說：我不適合在這裡。

Amy Cuddy 教授聽到這句話的一瞬間，突然發現此時的她再也沒有那種我不行、我不適合在這裡、我是假的等消極感覺存在。Amy Cuddy 教授突然感覺這位學生就是當年的她，於是鼓勵了這位學生，表示她本來就應該在這裡的。她可以假裝、她可以成功，從明天一大早就開始假裝成功，要讓自己充

滿力量,你要走進教室,要發表最棒的評論。很順利地,這位學生發表的評論堪稱最棒,很多同學都覺得很奇怪,之前怎麼沒有發現這位學生?

這也是本文標題「先假裝、再成真」的由來。

5 誠實面對讓雙手發抖的緊張

Amy Cuddy教授所說的自身的故事,還有一個很重要的重點,就是在眾人面前該怎麼緩和緊張情緒?

這是一個很棘手的問題,我演講、教學已經累積超過上萬個小時,但每次遇到新的聽眾,前面5分鐘還是無可避免地緊張,聲音會比較沙啞與顫抖、聲帶會比較緊,即使是身體已經不會發抖了,但還是很清楚自己很緊張。

還記得我專科第一次面對眾人的教學是在板橋國小,那時候有一堂課的試教經驗,從小就很少上台的我,拿著預先寫好的小紙條,抄在手上,把要教的重點一點一點的抄在裡面。站上了舞台,大約50位小朋友眼睛看著我,與這一群小六的學生相比較,我也只不過比他們大上4歲,天啊!雙手真的感覺在發抖,但還是要保持鎮靜,因為現在的我是一位老師的身分。還好,這一所學校的學生蠻乖的,訓練有素、安靜無聲,靜靜地聽我上完那一堂課。

講這一段故事的原因是，即使我現在是很厲害的演講者，但緊張是一場不可逃避的學習過程，你必須要控制自己的緊張，把緊張造成的負面效果降到最低，更慘烈的事實是，你如果不是像我一樣常常演講，恐怕每一次的主講都會緊張而讓表現失常。但既然緊張是一個事實，有一天某一場演講，你發現緊張已經影響到你的正常表現，有一個講話的方法可以迅速降低緊張的徵狀：

❖ 很抱歉，因為很期待來這邊分享，昨天有點沒睡好，現在　　表現有點差，如果有不得體的地方，還請大家見諒。

❖ 奇怪了，手一直在抖，今天來這裡有點緊張。

　　不要害怕承認自己的弱點，當你承認自己有弱點的時候，反而能讓對方感受到你願意承認的勇氣，整個會場的氣氛都能夠獲得改變，甚至於會發現大家更專心聽講、笑容更好，更能與我站在同一陣線中。如果更進一步的秘招則可以參考「犯錯效應」（pratfall effect），也就是故意在演講過程中，可能弄翻一支筆，然後讓聽眾幫你把筆撿起來。當英明如神明的你，如果犯了一些小錯，反而會有更親切的形象，讓你更能與一般人進行正常的社交關係，享受沒有壓力的溝通生活[53]。

---

[53] Richard Wiseman，《怪咖心理學2》，第60頁。

6 解析歐巴馬的演講技巧

前面講了很多專家的概念，對於人際關係有什麼影響？在朋友面前，建立信賴與權威感，成為一位對方腦中的專家，此時會讓對方進入「大腦卸載」的狀況，也可以進入到下指令的階段。

除了專家之外，正向的演說內容也可以顯現自己是領導人，人們一樣會聽有領導風範的人所說的話。一般來說，演講者在演講剛開始的時候，不要採用沒力的開場白，要用很正向的態度，利用一些例子，將過去傳統精神與未來的期待導入，講得正義凜然的感覺，尤其是整個毛細孔都放開的高度亢奮感，這種感覺會傳達給每一位聽眾，很容易建立信賴與權威，讓聽眾放下原本的心防[54]。

許多人都很推薦歐巴馬的演講，我也是一樣推薦。在上位的人，具體的細節內容要少講，大多是暢談理念、核心價值，尤其利用自身的例子，喚醒過去前人堅守的信念，以及帶領大家追求美好未來的夢想。在分析過歐巴馬很多場次的演講後，可以整理出演講的重點與技巧[55]：

❖ 輕鬆聊天、慢慢導出現今國家社會的問題：歐巴馬的演講一開始都很輕鬆，如果到大學畢業生演說，就談論自己畢

---

[54] 馬大元等，《小心！你被催眠了》，第130頁。

[55] 美國總統歐巴馬為2012年巴納德學院畢業生演講，http://youtu.be/fbYEBKJ9RPk。

業時的小故事，聊一聊陳年往事，放鬆聽眾的情緒，解除聽眾的心防，然後導引出現在與過去的比較，並陳述現在的情況愈來愈惡化。

❖ 社會改革的負面阻力：告訴大家，這個社會不斷地傳遞出負面的訊息，改革是不可能的。接著把這些負面訊息的來源與內容簡單闡述一下，但是不要針對特定團體，而只是抽象地去描述這個阻力的樣子。

❖ 打針預防：不要相信這些負面阻力，並說明不要相信的理由。舉個例子，我的任務是告訴你們，不要相信這些。因為，即使路途艱險，但我相信你們的毅力更強大。為什麼我相信，我看到了許多與我那個世代不一樣的東西：

  ■ 我看見了 ×××
  ■ 我看見了 ×××
  ■ 我看見了 ×××

❖ 讚揚改革的歷史精神與傳承：這種勇於挑戰、不畏艱難的精神，正是貫穿我國整個歷史的脈絡，正是我們進步的泉源，傳承與發揚光大的歷史動人的精神。問題的關鍵不在於狀況是否會轉好，問題的關鍵不在於現在的環境是否很惡劣，因為這個世界一直會很惡劣，這個世界一直會轉好。最後要告訴大家堅信這個世界會改變，並且告訴大家如果我們可以……就可以……（改變世界、避免大資本家、壞人掌控我們的人生）。

❖ 再次強調問題解決的可能性與方法：這些問題確實是可以解決的，問題在於我們能夠凝聚眾人的意志力……實現我們需要的改革……我堅信你們有這個能力，能參與這一場改變世界的改革。我知道，在×××演講，可以很容易獲得掌聲，聽起來似乎很容易，但這是事實。這是一個簡單的數學題目……

❖ 具體說出該走的道路：你們要建立以下的目標……不僅能改變自己，也能改變國家與世界的命運。你們的領導力可以帶領這個國家到什麼地方，將取決於你們自己。你們必須要有企圖心，它不會從天而降。

　　相同的內容，也出現在歐巴馬「Yes, we can」的競選主軸，這一個競選核心概念就是「化不可能為可能」，以下摘錄歐巴馬競選演說與就職演說的重點[56]，各位可以與上開演講的重點相比較，是否發現也很類似。

❖ 緬懷過去的精神，追求未來的夢想。

❖ 透過落差感：告訴大家正在執行不可能的任務，例如以前是奴隸的黑人，在美國價值中也可以擔任總統的工作（但這一點不能講太直白）；冷漠的年輕人，都投入了這一場選戰。

❖ 改變的進行式：告訴大家，我們正在改變（Change），這次必定不同。

---

[56] 歐巴馬就職演說，http://youtu.be/TIK4gpkZIes。

❖打針預防：有可能遇到阻礙的聲音，眾人皆不看好，請聽眾忽視這些負面的聲音（詐騙集團也是這樣子說的）。不看好→辛苦→成功，也是一種落差感。

❖列舉現在的黑暗：醫療問題、政黨惡鬥、官員腐敗、勞資爭議、貧富不均、環境污染。

❖只要相信，一定可以贏得成功。

演講並不難，各位可以運用這一套讓歐巴馬成為美國史上第一位黑人總統的演說模式，我稱之為演講的「打勾理論」，可以參考此一理論所呈現的模式。從輕鬆開場，接著讓大家去探討歷史的苦難、現在的困境；接著以改變為名，告訴大家我們正在改革的路上；此時再進入負面模式，也就是提醒大家在

激勵人心的演講：歐巴馬模組

改革的過程中，一定會有負面的聲音不斷地告訴你不可能、不可能，不要讓這些聲音阻礙了你，反而要成為你奮鬥的助力；接著再次強調必然可行，指出應行的方向，如果時間允許，應該要指出正面與負面的方向。

總之，參考頂尖演說者，找出一個基本模式，把你所要宣揚的理念設計成許多句子，然後套用在這一套模式之中，透過不斷地練習，搭配好的口條力、表情、手勢，像是歐巴馬在嚴肅內容的時候，眉頭會稍稍緊鎖諸如此類，相信每一個人都可以成為一位有魅力的領導人。

< 結 論 與 建 議 >

◎ 學習高手的演說技巧，一個停頓、一個鼓勵，創造良好的互動，例如哈佛大學的 Michael Sandel 教授。
◎ 爭取報告機會、參與演說性社團、對著鏡子練習，都是強化自己表達力的方法。
◎ 尋找創意的素材，承現與眾不同的一面。
◎ 擺個 2 分鐘的高權力姿勢，可以讓你上場時充滿自信。
◎ 承認自己的弱點、犯一些小錯誤，可以承現親和的一面。
◎ 學習歐巴馬等演說高手的技巧，可以加強自己的正面形象與魅力。

8 語言的魅力

1 讚美，婉轉一點

以前我總是喜歡稱讚別人很漂亮，但直接說對方很漂亮，很容易讓對方覺得不太誠懇，似乎就是為了讚美而讚美，總是被別人笑說沒有誠意。況且如果對方剛好真的很美，這種讚美的話對她而言，恐怕常常聽到，比較每個讚美的話，落差都很小，也就不是那麼有感覺。

換一種繞個圈子的講法：「上次聽到經理稱讚你工作很認真！」這種聽別人說的說法，不但暗示著自己的看法，還透露出受讚美者在別人眼中的評價，變成同時有許多人齊聲讚美，而不會單純被認為是場面客套話。況且，很多人喜歡知道自己在別人心中的評價，所以利用這樣子的說話技巧，也對於單純的讚美有不錯的升級效果。

你美得冒泡！

其他間接稱讚的用詞如下，建議可以常常練習講講看，如果只是看過一遍，練習度不夠，到了實際運用的時候，就會結結巴巴，聽起來很假：

❖ 我在大學的一位同班同學跟你一樣，既漂亮又會讀書。

❖ 你的個性和我的一位同事很像，非常善體人意，看到你就想起了她。

❖ 你跟我的同事是不是很熟？他常常誇讚你待人誠懇，而且是一位美女，今日一看，真的如此耶！

其次，說話的框架也很重要，可以從批評轉換成讚美，這有點兒像是「框架效應」，一樣的說話內容，只要改變不同的框架，就會有不一樣的感覺。

⑴一位女大學生晚上去夜總會陪酒

⑵一位夜總會小姐白天堅持去大學進修

像是網路上看到一句話「一個女大學生晚上去夜總會陪酒」，聽起來感覺非常差，感覺這位女大學生愛好奢華的生活，所以願意下海陪酒賺錢；但是如果換個說法「一個夜總會小姐白天堅持去大學進修」，就變成正向思考，即使是在夜總會工作的小姐，只要願意學習進修，我們都應該給他們一個機會。

前文提到徐志摩的詩集中有一句話還不錯「我想和你一起起床」，多麼有意境的一段話，說的雖然是現在，但是去隱喻著過去的一段快樂時光；換言之，這句話代表著我倆一同享受

一晚的歡愉之後，然後可以共渡愉快的夜晚，然後躺在我懷中迎接明日的清晨。

⑴我想和你一起起床

⑵我想和你一起睡覺

如果換一個說法「我想和你一起睡覺」，那只是代表一種下半身禽獸的慾望，不知道過程是否美好，短暫而粗魯的描述方式，即使內容都是半夜的兩性歡愉過程，但感覺就是與徐志摩的詩集等級相差許多。

發現對方的特點，也可以當作聊天的起頭。有一次在電梯間遇到一位鄰居，年輕可愛的女孩子，但沒啥印象，可能是新搬來的鄰居。左肩背著包包，左手拿著一個長條型的東西，從外觀來判斷我覺得是樂器，而且應該是長笛。為了讓自己練習敢於與人交談，我問了一下：「這個是樂器嗎？」

「是啊！」

「讓我猜猜看，從長度上來看，應該是長笛，不太敢確定……不要告訴我答案……」

對方繼續笑笑，電梯快到地下室……

「從電視轉播節目中，演奏長笛的都是有氣質的，我覺得你有演奏長笛的氣質，所以這個樂器是……」

「長笛。」

實際上我也不是刻意說對方有氣質，因為對方真的有一股音樂人的氣質，但直接稱讚對方，我想對方也常聽過，聽多了

你再說一次也沒什麼感覺，反而落了俗套。但如果是因為你的「推論分析」，把整個推論分析過程說出來，推導出她是有氣質的結果，這種說法就會讓對方聽入腦中，感受到你的讚美。

2 可以幫我嗎？不可思議的富蘭克林效應

如果對方是一個聰明又有財富的帥哥Ａ男，高、富、帥是一個貼切的形容詞。但是你只是一個平凡的女子，面貌平凡、財富平平，知識程度也很普通，這位Ａ男深深地吸引了你，你該如何提高自己在他心目中好的形象？

找個問題去問這位帥哥Ａ男。問別人問題，是否會造成自己好像什麼都不懂的負面印象？

不會，這與一般人認為詢問問題代表自己能力不足、會讓別人看不起自己的觀念相反。因為被徵詢意見的人會覺得自己在某些領域是被肯定的，也代表提問題者對於被徵詢者有正面的評價，才會願意問被徵詢者的意見。所以曾經有研究驗證了這個結果，受試者通常會認為向別人請教的下場並不好，但實際上反而相較於不尋求諮詢的人，獲得更高的評價[57]。

這類型的研究相當多，像是Jon Jecker與David Landy兩位心理學家在1969年發表了一項實驗成果。實驗過程中，

[57] 《為什麼我們的決定常出錯？》，第102-104頁。參照 Smart People Ask For (My) Advice: Seeking Advice Boosts Perceptions of Competence，本文可透過google進行關鍵字搜尋。

實驗人員在受測者領完錢離開實驗室時，其中一組實驗人員馬上趨前請求幫忙，說明因為是用他自己的錢做實驗，希望受測者能幫個忙，退還一些錢；另外一組則表示實驗資金是心理系贊助，但系上資金有點困難，希望受測者能退些錢。過一陣子，再評估受測者對於實驗人員的喜歡程度，1到12的指標。如預期般，並未被請求幫助的受測者平均分數為5.8分，要求將錢退還給心理系的只獲得4.4分，但是要求將錢退還給實驗人員個人者，分數居然有7.2分[58]。

富蘭克林在其自傳也提到，曾經遇到一位很難纏、不好相處的議員，但因為急需其幫助，所以想了一個辦法，當他知道這名議員持有一本稀有珍藏的圖書，於是寫了一張紙條希望能把這本書借他看兩天，議員同意了。接下來發生了奇妙的事情，下一次見面時，議員對富蘭克林主動談話，而且非常有禮貌，還表示隨時願意為其效勞，這也就是有名的「富蘭克林效應」[59]，畢竟人是群聚的動物，天性就有幫助別人的驅動力。

該如何請教對方問題？請教問題可以說是最簡單的方式，例如可以問他成功的秘訣，並且提出自己在某方面的缺點，所以一直無法獲得成功，請對方提供一些解決缺點的妙方，我相信反而會讓對方產生好感，如果能夠提出深入的問題則效果會比較好。前開研究也提出下列結論：「不要問很淺的問題，如

---

[58] 該實驗文章請參考 Liking a person as a function of doing him a favour。

[59] 請參照 Autobiography of Benjamin Franklin: Part 5，http://books.eserver.org/nonfiction/franklin/bf5.html。

果被問問題的人剛好很忙，恐怕會有反效果。」[60]

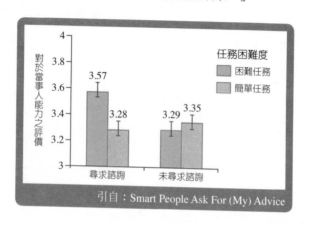

引自：Smart People Ask For (My) Advice

常常有人問我「如何考上國家考試？」針對這種答案超級廣泛的問題，常讓我不知道要從哪裡開始回答，有時候用手機回覆又慢，然後就會覺得很反感。每天都要面對一堆各式各樣的詢問，我和大家一樣，一天也只有24小時，怎麼會有空反覆地回答這類問題？所以，我都會婉轉地回答：「這真的是大哉問！」

碰到這類型問題，通常會認為這個人連基本的網路搜尋都不做，沒頭沒腦地問，實在是來亂的，會有很不好的印象。所以，不要以為有問問題，就代表著別人幫你的忙會對你有好的印象，問到不好的問題，反而會造成對方的負評價。

---

[60] Smart People Ask For (My) Advice，第29頁。

3 神奇的「因為…」句型

我曾經公開地問網友下列這一個問題：

> 你有被搭訕的經驗嗎？
> 是否有留下個人資料給對方？原因為何？

但只有男生很積極地回答，或許是公開詢問，所以沒什麼女生回答，就算有回答，答案也是沒有，即使私底下問也是一樣。看來這樣子的方式不行，正在困擾的時候，有網友給了我一個資訊，有媒體報導了某名男子在涮涮鍋搭訕女店員成功的案例，短短地幾句話就成功要到了店員的LINE帳號。

其間對話摘要如下：

「小姐，小姐，我要加東西」搭訕男子說。

女店員回覆說：「你要加什麼」

男子立刻拿出手機到她面前，「我要加LINE！」

「真的假的？」（女店員一直笑）

「因為我有肉的問題要問妳！」

「可是我不是專業的耶」女店員回答。

「沒關係啦，妳懂一些、妳一定比我懂」

想加妳LINE，因為要請教事情……

115

這名男子很輕鬆地就說服她加LINE。

很多人看過了這一段報導與影片，大都認為人帥真好、好厲害，也有人說女店員不好意思拒絕客戶。我看完這段網路的搭訕影片之後，研究了一下對話的內容，想起了一篇哈佛大學圖書館所做的插隊研究[61]，發現兩者有異曲同工之妙，只是這位名為黑男的網友，將這套哈佛大學研究出來的理論在實際社會中進行實證。

實驗中，實驗人員故意在大排長龍時，用不同的說法要求插隊影印自己的文件，看看成功的機會有多高：

說法	成功機率
對不起，我只要印5頁，可以讓我先用這台影印機嗎？	60%
對不起，我只要印5頁，可以讓我先用這台影印機嗎？因為我必須影印這份文件。	93%
對不起，我只要印5頁，可以讓我先用這台影印機嗎？因為我趕時間。	94%
對不起，我要印20頁，可以讓我先用這台影印機嗎？	24%
對不起，我只要印20頁，可以讓我先用這台影印機嗎？因為我必須影印這份文件。	24%
對不起，我要印20頁，可以讓我先用這台影印機嗎？因為我趕時間。	42%

[61] Ellen Langer, The Mindlessness of Ostensibly Thoughtful Action, http://www.communicationcache.com/uploads/1/0/8/8/10887248/the_mindlessness_of_ostensibly_thoughtful_action-_the_role_of_placebic_information_in_interpersonal_interaction.pdf

少量5頁，沒有說明理由的成功率是60%，如果說明理由，無論是很瞎的「因為我必須影印這份文件」的理由，則跳升到93%，還是具體說明「因為我趕時間」的理由，成功率則是94%。

但如果是數量比較大的20頁，這個忙就有點過分了。沒有說明理由的成功率只有24%，很瞎的「因為我必須影印這份文件」的理由，依舊是較低的24%，具體說明「因為我趕時間」的理由，成功率則稍稍提高為42%。

這個實驗告訴我們一件事情，「因為」（because）的魔力，只要在合理的範圍內，給對方一個理由，即使是很瞎的理由，就能大幅度地提升成功的機率。但如果數量提升很多，就會讓對方恢復理智，並考慮是否同意讓你插隊，但即使是數量很多，只要提出一個看似合理的理由，還是會提高不少讓對方同意你插隊的機率。

回到前面搭訕成功的案例，男子要求搭訕的理由居然是「因為我有肉的問題要問妳！」即使女店員覺得這個理由有點瞎，也回問說：「可是我不是專業的耶」只要男子再補充一下理由的實質內容「沒關係啦，妳懂一些、妳一定比我懂」，還是有很高的機會讓女店員同意。當然這也可能是女店員以服務為目的，不可以讓客人生氣，而促使成功的主因。

如果女性遇到搭訕，可以仔細瞭解對方是否有利用「因為……」的句型，如果有這類的句型，就要小心自己是否進入

了同意對方請求的圈套。當然這種說詞對於沒有常被搭訕經驗的對象應該很有效果，可是如果對方常常被搭訕，依據本書第56頁提到經濟學上的「邊際效用遞減原則」，恐怕效果就會有限了，往往只會得到對方淡淡的微笑。

我曾經嘗試著把「因為……」的句型分享給女性網友，看看大家會有什麼有趣的反應，卻發現大家的反應並沒有出現「哇！好神奇喔！」或者是說「讓我豁然開朗……」，反而大多數會提出質疑：「這真的有用嗎？」這些質疑是正常的，因為這種句型的效果，彰顯於受測者潛意識中做出了決定。

「因為……」的句型之所以能成功，在於我們的大腦很習慣接受理由的存在。進一步要問的是為什麼別人隨便講個理由，大腦就容易接受？這依舊可以從演化理論中推知一些道理。大腦每天處理這麼多資訊，所以必須要降低耗能，而資料處裡若能外包就外包，女友能當自己的小秘書，行事曆就不必好好寫；衣服亂丟沒關係，老婆可以幫忙整理，透過外包的方式，降低自己能量的消耗。

對於一個問題如果要尋找原因或答案，往往會消耗很大量的能量，這也是近代新聞標題就可以「殺人」的結果，只要新聞標題告訴你發生什麼事情，而且直接下個惡毒的評論，你就相信了，腦海中已經產生第一印象，不必看內容就已經有了答案。

因此，降低耗能的大腦，讓人類變得懶惰，思考外包、尋

求專家意見，別人幫我想個理由就好，都是「因為……」的句型之所以能成功的背景因素，如果能瞭解大腦運作的流程，也不會再提出質疑說：「這真的有用嗎？」

4 結構化的肯定問句

除了「因為……」的句型之外，還有許多說話的技巧，可以讓對方傾向於回答你所想要的答案。像是結構化的反應就是很常運用的技巧，政治人物的選舉造勢場合，就常會利用這種技巧，給你一連串會有相同反應的回答，最後再加上真正想要的問題，而你一樣會有同樣反應的回答[62]。舉個例子：

候選人：經濟不景氣，小老百姓都吃不飽，你說對不對啊？

民　眾：對啊！

候選人：財團炒房價，小老百姓都買不起房子，你說對不對啊？

民　眾：對啊！

候選人：政府無能，你說對不對啊？

民　眾：對啊！

候選人：要選就要選能擊退財團，無黨無派的×××，你說對不對啊？

民　眾：對啊！（這個問題才是真正的目的）

---

[62] 亨瑞克・費克賽斯，《讀心術大師教你比催眠更厲害的溝通術》，第216-219頁。

這種結構式的說話技巧，還是要事先多多練習一下，否則可能亂說一通，反而沒有效果，甚至於讓場子冷掉，舉個例子，國民黨的候選人對於支持者高聲大喊：

候選人：	你是否覺得民進黨的人都會貪污？
民　眾：	對啊！
候選人：	你是否覺得民進黨高雄治理的也不錯？
民　眾：	對啊！（結果有些人順著就喊對，助長了民進黨的威風）
候選人：	要選就要選能擊退財團，無黨無派的 ×××，你說對不對啊？
民　眾：	讓我考慮看看。

同樣地，如果要約異性朋友出去吃飯，也可以善用這種結構化語句的技巧，提高對方同意的機率，但可以採行更為精簡的方式，只要能夠讓對方回答兩個「是」，就可以讓對方回答出第三個「是」，例如：

男：	我們上次玩得很愉快，是不是呢？
女：	是啊！
男：	你喜歡看文藝愛情片嗎？
女：	喜歡。
男：	今晚要不要和我一起去看《愛你一輩子》的電影呢？
女：	好啊！聽起來不錯。

也不可以亂問一通，像是下列的結構就欠缺相關性與連貫性：

男：你考完試了嗎？
女：對啊！
男：今天天氣很冷？
女：對啊！
男：你今天要跟我一起去看電影嗎？
女：想想看好了。

這三個問題欠缺相關性，分別是考試、天氣與看電影，即使前兩個問題都是肯定的答案，但並不會因此推導出第三個問題也是肯定的答案，因此必須要透過練習才能有更好的結果。

5 其實別人不想聽你獨特的經歷

電影「白日夢冒險王」中，男主角雖然每天做各種英雄冒險的夢，但實際生活中卻是平淡無趣，後來為了找一張冒險家寄來的照片，做為實體雜誌結束營業前的最後一張封面照，被迫到冰島、格陵蘭等國，體驗到從直升機跳入冰冷至極的海水，從鯊魚口中九死一生脫逃，在無人的山坡道路中用滑板高速滑行，壟罩在火山爆發的火山灰等，這些都是我們所夢想的冒險人生。

只是當你的人生平凡無趣時，周遭的人也大部分是這樣子，突然有一位朋友剛從西藏「壯遊」回來，好友四人聚在一起，這位朋友熱情地分享自己豐富的經歷，你是否會想要聽聽看他的故事？反過來如果是你，你是否也會希望別人都很專心地聆聽這一串美妙的冒險經驗？

哈佛大學的 Gus Cooney 的研究團隊，進行一項關於「非凡體驗之潛藏成本」實驗。研究團隊找了 68 位受測者，每組以四人為單位分組，每組的其中一人會觀看精彩有趣（等級高達 4 顆星）的街頭魔術秀影片，其餘三人則被分配觀看不好看的動畫影片（等級只有 2 顆星），並在觀賞後給予 5 分鐘的互動時間，讓他們進行自由談話[63]。

實驗結果顯示，大多數的參與者都以為美好經驗是個好的對話題材，並且假設非凡體驗的那一位會更有話題與他人聊天，內心也會產生正面的情緒。但研究結果卻與預期落差很大：觀看魔術影片，也就是非凡體驗的受測者，覺得自己在互動對話中被冷落，反而導致心情很糟糕。

這一個實驗給我們的啟發，不要誤以為分享美好經驗會對於自己的人際關係一定有正面效應，對於剛認識的朋友而言，反而可能會產生負向效果。許多心理學的實驗往往只能告訴你

[63] G. Cooney, D. T. Gilbert, T. D. Wilson. The Unforeseen Costs of Extraordinary Experience. Psychological Science, 2014. 參照 http://www.sciencedaily.com/releases/2014/10/141006085353.htm。中文相關報導請參照分享非凡經歷可能反被冷落，http://pansci.tw/archives/70581。

結果，這一個實驗也並未探究其原因，當然還有很多未來可以延伸的實驗，像是如果實驗者彼此熟識，是否又有不一樣結果？目前尚未看到延伸性的實驗，不過我們至少可以確定一點，對於與剛認識的朋友進

行互動時，不要太過度地講述自己的生活經驗，多多聆聽，以免讓對方覺得我是一位很自以為是、炫耀驕傲的人。

6 │ 專家，讓對方大腦立即卸載

艾默理大學神經經濟學（Neuroeconomics）研究團隊曾研究受試者對一些情況做出決定時，若有專家在旁提出建議，大腦會如何反應。研究者安排一位秀出專業背景的專家，對於受試者的決定從旁提出意見，結果發現受試者大多傾向於以此建議做為決策依據。

對受試者的大腦神經活動進行掃描分析，發現當有專家提出意見時，受試者的大腦神經活動並無明顯變化，只有在專家沒有提出建議時，大腦才有明顯的變化[64]。簡單來說，大腦追

---

[64] 論文 Expert Financial Advice Neurobiologically "Offloads" Financial Decision-Making under Risk 內容可連結 http://www.ncbi.nlm.nih.gov/pmc/articles/PMC2655712/。

求低耗能，如果當外在資源是可信賴的，大腦就會停止思考以避免浪費資源[65]。

只要發現有可能降低大腦消耗能量的管道，即使沒有深究這個管道好或不好，大腦就會趕緊說「好！好！好！」所以，這篇論文的標題用了「卸載」（Off Loads）這個詞，意思是說當專家來了，我就可以不用大腦，直接把大腦「解安裝」。

總之，專家是將大腦耗能的過程「外包化」的選擇，靠專家，就不需要靠自己，大腦更可以減低思考所耗費的能量。與別人對談時也可以善用這個技巧，適時地明示或暗示自己是某個領域的專家，對方會比較能接受你的論點，因為聽從專家的論點是人類的本性。

大腦是好逸惡勞的，你必須要克服大腦喜歡安逸的運作方式。看到專家的話一定要驗證，如果不假思索地照單全收，恐怕會吸收到錯誤的資訊，錯誤的資訊將會在腦中建立錯誤的模組，讓未來處理類似事件時不斷地發生錯誤。

聽專家的話 → 驗證 → 建立正確模組

7 | 柴契爾夫人的低沉聲音

電影「鐵娘子」（Iron Lady）是一部描述前英國首相柴契爾夫人在政壇崛起與殞落的過程，由梅莉史翠普主演，演技精

---

[65] 《不失算的大腦除錯術》，第193-194頁。

湛，化妝起來就像是柴契爾夫人一樣，看了這部電影讓人感覺好像搭乘了時光機，回到過去親眼目睹柴契爾夫人政治生涯的起伏。

劇中，柴契爾夫人的聲調本來比較高，這一項特質對於一名女性而言，本來就是正常的，但稍為尖銳挑高的聲音，卻不利於她要角逐的首相一職。柴契爾夫人所聘任的競選專家，便建議兩點個人風格的改革方向，其一為個人的衣著風格，第二點也就是聲調改造，好讓外貌與言行具有領袖的風範。

片中令人印象深刻的地方，是柴契爾夫人被要求音調變低沉，當時的我也深感好奇，如果刻意地把聲音變低沉，就可以讓人感覺更有領袖風範嗎？聲音對於別人的影響這麼大嗎？

當然不是百分之百。

領袖必須有複雜的內涵，人們覺得你是否適合當領袖，從外觀、衣著風格與聲調改造，都是很重要的第一印象。所以，如果女性要當首長，聲音低沉就是其中一個很重要的武器，讓人覺得比較沉穩內斂，而不是像小孩子一樣的音調尖銳，讓人感覺不沉穩。一樣的概念回到國內，我每次問哪一位女性政治人物的聲音最像領導人，大多數的人都指高雄市長陳菊，聲音低沉有力就是很好的範例。

單以男性來說，理想的總統候選人聲音要比對手的低沉才好，Matthew Hertenstein，柏克萊加州大學心理學博士，

在其著作《以貌取人，再也不會看錯人》中提出一個論點：因為低沉的聲音代表著能釋放出更多的賀爾蒙，更有男性的魅力與領導的能力[66]。只是這個論點是否適用於女性？我個人認為也是一樣，低沉的聲音才有領導力的感覺，這一個特徵已經深烙在我們的判斷項目中，大腦應該不會去區分這個低沉的聲音來自於男性還是女性。從陳菊女士的角度來看，也確實是如此，低沉的聲音讓我們有了好的印象。

總之，在傳統以男性為領導主體的世界各國，演化至今，低沉的聲音已經成為沉穩領導風範的必要條件。想要被認定為一位稱職的領導人，聲音低沉是不可避免的調整項目。

〈 結 論 與 建 議 〉

◎ 婉轉一點的讚美，甚至設計過的讚美，更容易讓人接受。

◎ 適時地尋求他人協助，反而會獲得別人的好感。

◎ 利用「因為……」的句型尋找理由，會大增對方同意的機率。

◎ 透過結構式的問話技巧，提高他人認同自己意見的機率。

◎ 暗示自己的專家身分，讓對方大腦卸載，提高說服對方的機率。

◎ 低沉的聲音，可以讓我們建立更好的領導形象。

---

[66] Matthew Hertenstein，《以貌取人，再也不會看錯人》，第250-251頁。

9 性衝動與決策力

1 性衝動會讓人變成另一個人

「男人要廣泛配種，女人要溫暖的窩」，是我分析男女關係時的核心架構。所以，男性發展成下半身思考的動物，這種論點也有其可信度。曾獲頒美國心理學會傑出科學獎的Dario Maestripieri，於其著作中表示：根據演化論的立場，性吸引力之所以存在是為了促進性交，而性交的存在是為了提高繁衍的可能性[67]。

性吸引力 → 性交 → 繁衍

---

[67] Dario Maestripieri，《人類還在玩猿猴把戲》，第185-186頁。

可是人類不是單純的禽獸，是會組織家庭，成員間相互友愛。至於為什麼男女要組成配偶，而不是男生播種完馬上找下一位女性？主要是現代社會相當複雜，上一代要教給下一代非常多重的技能，若是父母能共同教育與保護，可以提高下一代的存活率，因此在演化過程中，發展出許多人類獨有的特徵。首先，像是催情素（oxytocin）或者是內源性類鴉片（endogenous opioid）創造出來的愛情，可以讓男女雙方透過愛情而產生連結。其次，相較於其他猿猴類的動物，人類的睪丸比較小，睪固酮在結婚有了小孩後將會下降。第三，人類男性擁有靈長類中最長的陰莖，這可使得各式各樣的體位輕鬆達成，增加女性性高潮的可能，提高女性參與性行為的意願，有了高潮的性行為就容易鞏固情侶之間的連結[68]。

回到有關於性的議題。第一次看到有關於性的研究，其主題是與「性刺激」有關，美國麻省理工學院的教授Dan Ariely寫了一篇論文，名為「The Heat of the Moment: The Effect of Sexual Arousal on Sexual Decision Making」，中文姑且翻之為「興奮之際：性刺激對於性決定的影響」。

此一研究的方法還蠻特殊的，如要求受測者自慰到接近高潮（sub-orgasmic）的狀況，然後與沒有自慰的受測者相比較，看看是否會影響對於特定問題的決策能力。研究結果顯

---

[68] Dario Maestripieri，《人類還在玩猿猴把戲》，第200-201頁。

示，有些測驗問題即便比較不道德，受測者居然會因為性興奮被啓動，而有更高比例的人都能接受，例如你能否想像被12歲的女孩所吸引？（被啓動者高達46%選擇願意，遠高於未被啓動的23%），其他像是與60歲女人、男人、極度肥胖的人做愛，將性愛伴侶綁起來，選擇願意的比例都明顯的升高。

這個實驗還有一些過度逾越道德尺度的驚人問題，像是你願意說愛對方以提高與對方做愛的機會嗎？是否願意勸說對方喝酒以提高彼此做愛的機會？即使對方拒絕，你仍然持續地設法想與對方做愛？你是否願意下藥以提高對方與你做愛的機會？毫無疑問，性慾被啓動時選擇願意者一樣是大幅提高。所以，這項研究發現：性興奮不僅導致高風險的性行為，也會讓自己做出一些不明智的決定，更會使動機變得狹隘，其他和滿足性慾無關的動機都黯然失色，只要性愛，其餘免談[69]。

Dan Ariely教授在其自己的著作《誰說人是理性的》一書中，對於其所做的這一個特殊實驗，認為：

冷靜的時候，並不知道被勾起性慾後的自己是什麼樣子，激情的時候也會完全脫離他所認定的自己。而且也不會隨著經驗而有所改善。最後，寧可慾火產生之前就先對抗誘惑，比慾火開始之後才採取行動要容易得多[70]。

---

[69] 消費行爲之前的心理學，第111頁。The Heat of the Moment: The Effect of Sexual Arousal on Sexual Decision Making，http://people.duke.edu/~dandan/Papers/PI/Heat_of_Moment.pdf。

[70] Dan Ariely，誰說人是理性的，第139-143頁。

簡單來說，不該在危險的地方燃起性慾，像是如果你收到一則色情廣告，邀請你進行援交。受不了誘惑的你跑去指定的地址，馬上有火辣的女子迎接，但總是在「關鍵時刻」不讓你得逞。因為慾火焚身的時候很容易做出錯誤的決定，導致你願意刷卡花大筆錢加入情色俱樂部。所以，要避免自己進入危險的情境中燃起性慾，因為只要性慾被燃起了，那就很難被意識所控制。

2 日本必學的四句英文

談一下自己到日本按摩的經驗。

話說第一次與某民間協會到日本拜訪姐妹會，晚上自由活動時間，有朋友提議要不要到特別的場所看看。由於本人不好此道，但又不好意思掃了朋友的興致，婉轉地說：人生地不熟的，我看咱們一起去按摩好了，剛剛經過新宿的街道上，有許多按摩的招牌，就找一間去抓一下吧！

我們二人到了街上，找了一家看似沒有問題的按摩店走了進去，按了電梯、上了九樓。正當門一開的時候，叮咚一聲，警覺的我深覺這間應該有問題，因為我們一出電梯，立刻就有警示的鈴聲！

但管不了那麼多，按了門鈴，有位老老的很像是老鴇的媽媽桑來開門，打量了一下我們二人，這種被上下打量的感覺，真的不像是正常的按摩店。經過簡單的英文溝通，表明要來按

摩後，媽媽桑拿出了價目表，稍微懂一些日文的我，一看就知道第一行文字「マッサージ ￥4,000」，代表著按摩一小時4,000日圓，我就指著說要這項服務。

但後面還有兩行文字，讓第一次來日本的我很好奇，因為只是稍懂一些日文，實在不知道意思是什麼，上頭的價碼寫著￥8,000，我就問著老闆娘：What's this?

媽媽桑露出淡淡的奸詐笑容，雙手摸著自己的肚子以下的高度，不斷地繞著圓圈撫摸著肚子說：

This is "half"

一半？疑惑的我又問了一下這是什麼意思？

老闆娘補充了一下，只說了一個英文單字：happy。

我懂了，類似於台灣「半套」的性服務，這是我第一次到日本學會的兩個英文單字。接著下一行文字，上頭的價碼變成￥16,000，當然也惹起了我的好奇心，問著老闆娘：What's this?

老闆娘愈笑愈開心了，蹦出了一個簡單的英文單字：It's ...... ok.

順著剛剛半套的理解，我馬上很聰明地知道這是「全套」性服務，這是第三個英文單字。因為我們只是要按摩的，於是堅持第一行的服務。接著出來兩位壯似無敵鐵金剛與黑猩猩的兩位日本女子，我無意評論別人的外觀，但真的長得就像這樣子的壯碩。

兩位小姐帶了我們進去開始按摩，當時感覺日本的按摩有點兒像是摸來摸去，讓我頗為失望，但也因為太柔和了，很快就進入半夢半醒的狀況。突然之間，這按摩小姐的手一直摸著肚臍下方，這讓我產生了警覺心，張開了眼睛看看這位無敵鐵金剛要做什麼？

小姐見我醒了，用很破爛的英文跟我亂聊，我也亂回答。突然之間，我聽到在日本學到的第四個英文單字。小姐問我說：change？

很奇怪的一件事情，我居然馬上就懂了。小姐的意思是…先生，你是否需要從第一個按摩的選項，改成第二或第三的選項。同樣的時間，隔壁房間的朋友扯了嗓子用台語問我說：小姐說要change，你要嗎？

我只是淡淡地回答：你change的下去嗎？

於是我等二人嚴辭拒絕，想不到日本人的服務態度不太好，一個小時的按摩時間，就在那一瞬間，變成40分鐘就草草結束了，這是第四個在日本學到的英文單字。

half、happy、ok，以及change。趁著這篇章，讓剛出社會的各位年輕人，瞭解一下社會的險惡是不分國籍，隨時都有人要勾起你的性慾，只要學會幾個簡單的英文單字，加上控制自己的意志力，就可以平安踏上返國的歸途。

3 貼切的形容：精蟲襲腦

說一句比較不雅的文句，男人衝動的時候稱之為「精蟲襲腦」，這四個字蠻貼切的。當男人處於興奮的時候，通常就容易有一些性攻擊的行為，例如電影「噬血地鐵站」一開始的劇情，女主角受到一名認識的男子性騷擾，與白天遇到的文質彬彬形象簡直是判若兩人。後來，這名男子在即將得逞之際，遭受地鐵怪物拉出車外攻擊後，這名男子瀕臨死亡才回復了正常，奄奄一息地爬回月台，全身是血的他當然也已經清醒，向女主角說出懺悔之詞。

除了性攻擊的行為，精蟲襲腦時是否會造成決策時更衝動或不理性呢？

其實女性很容易控制住男子精蟲襲腦階段的行為，因為女性很容易可以感受到對面這個男生想要發生關係的慾望，並且利用這種慾望，要求購買一些平常不太會買的奢侈品，而男生為了一親芳澤，往往會同意購買奢侈品給女性。

網路上也流傳一則有趣的故事，有一天，一位其貌不揚的男士，帶著一位十分艷麗的美女逛LV精品店，他為美女選了一只價值6萬元的名牌包。付款時，男士掏出支票本簽了一張支票，可是店員頗感為難，因為這對顧客是第一次來店購物。

男士看穿了店員的心思，於是對店員說：「我知道您擔心這是一張是空頭支票，對嗎？今天是週六，銀行關門。我建議您把支票和包都留下。等到星期一支票兌現之後，再請你們把包送到這位小姐的府上。您看這樣行不行？」店員放下心來，接受了這個建議，並且承諾遞送包包的費用由該店承擔。

　　只是，星期一時，店員拿著支票去銀行入賬，果真是張空頭支票。憤怒的店員打電話給那位顧客，客戶對他說：這沒有什麼要緊啊！你和我都沒有損失。不過上星期六的晚上我已經同那個女孩上床了！

4 交友網站的美女詐騙

　　再來分享一段我到某國內知名交友網站裡頭遇到的詐騙集團。

　　為了進行研究工作，我加入該網站，即使特別有在自我介紹中強調是來進行學術研究工作，但感覺好像很多機器人帳號，反正就是一直傳訊息來，好像連看都沒看我的介紹。而且常有照片

很美的女生主動敲我，並留下LINE，這種情況通常有異，理由很簡單，美女不會從天而降。不過為了進行學術調查，我就

名正言順地加入了，然後看看這些女生想要幹什麼？經過很多次的嘗試，發現對方應該是自稱在中山區的小姐，因為當我說住在台北的時候，對方似乎認為是獵物，才會開啟了下列的聊天：

小萱：嗯很高興認識你，你是住哪裡的呀？

筆者：台北啊！好高興認識你喔！

小萱：我也是耶你在台北哪邊呢

筆者：中山區這邊。

小萱：不會這麼巧吧，我現在也是在這邊耶！

筆者：真的嗎？

小萱：對了，你從事什麼職業，剛下班嗎？

筆者：我是做品管的。台積電。

小萱：其實我目前是在校的學生有在兼職終點情人愛愛全套服務2小時4,000你能約我幫我一下嗎？

筆者：突然破滅，我追求純純的愛。

小萱：那你會瞧不起我這種人嗎？

筆者：不會啊！看到美女都頭昏了，那你們的地點在哪裡？

小萱：其實有誰願意做這個，我爸爸賭博欠錢莊很多錢，所以我才過來錢莊老闆這邊兼職還錢，我不想他天天被追債、被打。（註：這麼可憐你還看不起，你還是人嗎？）

筆者：怎麼這麼可憐，但我現在有點頭昏，你們是有專門店面的嗎？

小萱：外約的唉知道我剛剛為什麼叫你約我嗎

筆者：外約？那要去哪邊弄？我不知道原因耶！

小萱：剛才聽老闆說，等一下有一個客人要來約我，那個客人很變態很喜歡玩SM，喜歡虐待女生，接過他的幾個姐妹都被搞到很多地方淤青了，我跟老闆說不想接，老闆不答應，剛剛跟他吵起來，手機也摔壞了。我很怕那個人來，你能幫我嗎？老闆這邊約小姐出場費是要先繳4,000，你能不能過來交錢帶我出去，出去後我馬上去提錢還給你，不會損失的，晚上你要是有時間我可以陪你住汽車旅館報答你。（註：王子、王子，快點來拯救小公主吧！）

筆者：可是SM不是本來就是你們的工作，我在電視上看到的。

小萱：我只是不想接那個噁心的客人，不是要你約我做交易賺那4,000，你幫我出去晚上我會報答你，幫幫我好嗎？

筆者：這個喔！我看看錢包的錢還夠嗎？我都是月底發薪耶！

小萱：我只是不想接那個噁心的客人，不是要你約我做交易賺那4,000，你幫我出去晚上我會報答你，幫幫我好嗎？

筆者：我剛剛看了一下錢包，今天手頭有點緊耶！可不可以今天先委屈一下，我月底再去救你，我也想救你啊！

小萱：那個客人快要來了，你現在沒有4,000塊嗎？出來後我就拿自己的錢還給你，我是要你幫我，不會花到你的錢。

筆者：那怎麼辦？我先幫你一起被SM好嗎？就跟你說真的很
　　　窮……我不是真的台積電，是那個外面公司駐廠的品管
　　　啦！月薪22K，每天工作快累死了，主管都像是給我們
　　　SM……

　　這些內容算是老梗了，我在課堂上講這些內容的時候，發現很多男同學笑得很開心，但分析在場學生臉部的微表情，好像有些人真的跑去「救」這些女生而被騙。要避免被騙的方法很簡單，如前所述，美女不會憑空無故地掉在你面前，如果得之太容易，那幾乎就是詐騙。

5 ｜ 美女自己送上門口，請小心

　　網路上有許多高手號稱自己的技術分析方法很強，然後設立網站分享自己的心得，講得天花亂墜似有一手高超投資技巧，卻希望能賣你程式、軟體，讓你自己快速賺錢，這種高手通常有鬼。

　　判斷的道理很簡單，如果這麼好賺，自己賺就好了，幹麻還要到處找資金？有些更狠，無償地帶領著大家殺進殺出股市，其實是和特定金主、股市作手合作，早就已經等著散戶抬轎，等到拉高偷偷出貨，或者是騙散戶殺在最低點，最後留下滿手套牢股票的散戶，或者是滿手空空看著股票一飛衝天。因此，只要看到有價值的東西卻無償或低價時，就要特別小心。

同樣的狀況在這種愛情公寓的交往網站中也會出現，先與大家分享一個觀念，經濟學上的「效率市場假說」（Efficient-market hypothesis），如果在一個證券市場中，價格完全反映了所有可以獲得的信息，那麼就稱這樣的市場為有效市場。換言之，當帥哥美女出現的時候，資訊又很完整，也不是那麼挑剔的時候，在有效率的交友市場中，很快就會被搶走了，好對象根本不會憑空出現[71]。

太容易到手的美女，請特別小心。

如果是平白無故地找你，還很積極地想要認識平凡的你，那就是異常現象。你必須要小心這些異常現象的幕後成因，尤其是很多宅男平常人際交往生活圈很狹窄，缺乏交友經驗，一看到美女出現，就自動進入慾望啟動的狀況，什麼都忘記了，幻想天上真的會掉下來禮物。平白無故出現一位價值超高的辣妹一定有鬼，小心得到的是燙手山芋！

< 結論與建議 >

◎ 性興奮的時候，會讓自己做出高風險的決定，最好不要想在性興奮的時候控制自己，而應該事先預防自己進入危險的性興奮環境。

◎ 美女會加入交友網站？還主動想要認識你？如果發生這一種異常狀況，要特別小心。

---

[71] Willim Nicolson，《把妹經濟學家》，第65頁。

10 情境的影響力

1 情境科學的發展

行銷學針對銷售產品的時候，總是很強調要說什麼話來說服對方，但許多研究卻告訴我們，情境比訊息還要重要。在《消費行為之前的心理學》這本書中提到：氣氛的特定原則對消費者的影響，不一定得那麼明顯，有時只要微小的改變，就能改變消費者購物的行為模式[72]。

舉個例子，很多年輕人不喜歡吃花椰菜，但只要把花椰菜放在餐廳的入口處，飢腸轆轆的消費者因為肚子很餓的關係，選擇花椰菜的比例將大幅度地提高。同樣的道理不只是發生在消費市場，人際關係中要能夠有好的關係，在情境中培養關係是相當重要的。如果是在酒店、喝酒的場合中所建立的友誼，就容易發展出酒肉朋友的關係；如果是以文學讀書會為基礎，比較容易發展出感性的關係。

情境，可以成為建立關係的培養皿。

---

[72] 《消費行為之前的心理學》，第144頁。

Kevin Hogan 在其《優雅的影響力》中提到一個故事[73]。一位住在高檔社區的男子凱泰哥正與其討論「說服力」這件事情，凱泰哥突然提議，表示 Kevin 不可能將市價 1,800 美元的金幣，藉由親自敲門拜訪的方式，以一半的價格 900 美元銷售出去，並且下大賭注，如果能夠銷售出去他就賠 2,000 美元。

這個賭注還真是不小，Kevin Hogan 一家一家拜訪，每一位打開門的有錢人，根本沒仔細聽他的提案內容，嘴巴雖然說得很客氣：「謝謝您，我的朋友，但我在忙……」但嫌惡之情盡是寫在臉上。

10 個客人過去了，凱泰哥的 2,000 美元當然也沒有賺到。

試想看看，這一個高級住宅社區，每天都有很多人想盡辦法要在這邊撈錢。打開了門，看到了訪客，每次都是一樣的嘴臉，誇張到極點而且不老實的行銷方案，要不然就是要錢的乞丐，這邊的人早就對於「按鈴→敲門」這樣子的客觀情境產生了一種極大的防備心，即使從客觀來看是一門穩賺的選項，但依舊賣不出去。

凱泰哥深知這一點，這就是情境，所以敢跟 Kevin 打這一個賭。

如果類似的情況，換個情境，恐怕結果就不太一樣了。知名的股市投資者艾倫，剛接觸投資市場時也是賠得一蹋糊塗。有一次慘賠的結果發生在 2007 年間，在朋友的介紹下加入

---

[73] Kevin Hogan，《優雅的影響力》，第 106-109 頁。

私人銀行，對方的頭銜是「副總裁」，而且每天都進行國際視訊，整個看起來就覺得非常高格調。各位可以想像一下現場的情境，你是一個很平凡的台灣人，突然來到一個富麗堂皇的外商銀行，副總裁親自接見，對方可是真的國際金融界人士，這樣子的情境是否讓你感覺到「成功」兩個字了？是的，艾倫在當時花了錢投資在根本搞不懂的金融商品，也就是後來出事的雷曼兄弟發行的商品。所謂的副總裁，根本沒什麼特別，因為每位業務都是副總裁；至於每天進行國際視訊，也只是學習有什麼新商品可以賣給客戶[74]。

換個情境，如同「框架效應」一般，不對的訊息都是對的，所以我們要小心「情境陷阱」。從另外一個角度來看，有影響力的人總是會先想到情境，其次才是訊息[75]，充分利用情境來達成建立人際關係的基礎。正如同選舉的時候創造一種氛圍情境，比實際上談論政見還有幫助，提到這一點，只能說是選舉的特色，也是人性的悲哀。

2 看電影要買貴一點的情人座

人際關係可以說是社會心裡學中最受到重視的議題，因此在人際關係方面，有哪些情境值得我們參考，以增加我們的魅力呢？

---

[74] 〈五線譜抓高低價〉，Smart智富月刊，2014年11月，第195期，第128頁。
[75] Kevin Hogan，《優雅的影響力》，第119頁。

男女之間交往必須要有一定的情境，接下來先談談女生的房間。女孩子的房間如果太亂最好不要帶男生回家。從男生的角度來看：娶了個房間亂七八糟的女孩子當老婆，可以想見未來的家也不會多整齊，通常這會降低男生長遠交往的意願。說粗俗一點的形容詞，男生看完後還願意繼續交往，兩人大概只剩下「原始野獸」等級的性關係。所以，家裡很亂的女生請不要把男生帶回家，或者改變自己的習慣，把自己家中的環境整理乾淨！

再來舉個相約出遊的例子，例如相約一起攀爬稜線，像是北部的皇帝殿，非常可怕，走著山的稜線、山脊的陡峭，兩邊都是看似80度接近90度垂直的山壁，稍一不慎就會跌入山谷中。在這時候會建立一種生命遭受到威脅的情境，必須要與附近的人相扶持，如同回到遠古時代的蠻荒生活，惟有相互扶持，才能躲過各種野獸攻擊、大自然的反撲。又如同是電影情節中，當男女主角必須要共同扶持、克服生存危機時，就會產生革命情感，在安然度過後，就一定會相約喝咖啡，邁向下一步的發展。

於1974年間，有一個蠻有趣的橋梁實驗，由心理學教授Donald Dutton與Arthur Aron在卑詩省卡皮蘭諾河上方的兩座橋所做的實驗。其中一座橋比較高，晃動較為嚴重，另外一座橋比較低，較為穩固。由女性研究人員喬裝成市調員，會請年輕的受測男性填張問卷，並主動提供電話號碼，表示如果

需要進一步瞭解研究內容就可以打電話。最後的實驗結果如預期，高橋上的受測者打電話給女研究員比例較高[76]。換言之，因為喜歡一個人會導致心跳加速，而高橋上的危險感也會導致心跳加速、緊張的感覺，此種反應就會投射在同行的女性夥伴中，讓自己產生喜歡對方的錯覺。或許這樣子的實驗，可以提供一種不一樣的說法，解釋刺激性的活動為何有助於男女雙方感情的發展。

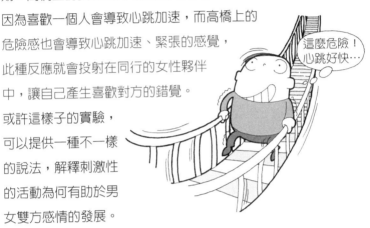

這麼危險！
心跳好快…

　　如果覺得爬皇帝殿的風險太高，那來一場搭乘雲霄飛車的情境也不錯。看鬼片、坐雲霄飛車是科學界所提出的追愛十大撇步的方式，因為在冒險刺激情景中，雙方也會因此患難見真情[77]。如果是從演化的角度來看，外在環境多猛獸，如果對方願意跟你共患難，我們當然就會接受這些可以協助你抵禦外辱的對象，彼此之間的好感也會增加，或許這正是看鬼片、坐雲霄飛車這些刺激活動從科學的角度能增加異性好感的原因。

---

[76] D. G. Dutton & A. P. Aron, Some evidence for heightened sexual attraction under conditions of high anxiety, http://gaius.fpce.uc.pt/niips/novoplano/ps1/documentos/dutton%26aron1974.pdf。亦可參考Richard Wiseman,《怪咖心理學》，第165-166頁。

[77] http://youtu.be/pydaGcYKHJQ。

企業界也有許多類似的行銷手法，像是Frito Lay公司在2008年所推出的「Hotel 626」活動。這是一個晚上才能進行的遊戲，遊戲場地設定在鬧鬼的旅館中，玩家必須想辦法逃離旅館，過程中會搭配網路攝影機、手機、麥克風等實體工具，通過許多可怕的挑戰才能脫逃。遊戲的過程中，也鼓勵玩家吃高糖、高脂肪的食物，因為一直處於高度緊張的環境中，可能導致高糖、高脂肪的食物成為他們的最佳朋友，並且與玉米片等零嘴產生連結[78]。

有朋友強烈建議去MTV看恐怖片，聽說效果極佳。但是現在MTV很少，如果真的要去，恐怕會被認為是老古板，該怎麼辦？這位朋友又建議可以到電影院的情人座，座位舒服、建立共通點，再加上恐怖片的情境推波助瀾下，成功機率大幅度提高。

可是問題來了，如果剛認識就去訂情人座，會不會讓對方產生抗拒因子？其實很簡單，來點小技巧就可以解決了，買票時不要讓對方在場，然後說「因為普通座位沒有位子，所以只好買貴一點的情人座」。只要不會太誇張，配合「因為……所以……」的句型，通常大腦找到了理由，就會因為懶得思考而過關了。

另外，像是去過法國留學的人通常都比較開放，如果知道對方是留法的，可以創造多一點的浪漫情境，讓對方回想起法

---

[78] 《消費行為之前的心理學》，第247-248頁。

國的浪漫生活，找回當時的自我投射在你的身上，應該會有助於雙方的發展。當然，還有許許多多的情境，像是車中放點浪漫的輕音樂，開車時稍微有一點點的加速感（危險的感覺），都有助於創造一個更促進彼此互動的環境。

3 皇上為何喜歡微服出巡？

據稱，清朝同治皇帝喜好女人，還常常微服出巡、出宮嫖妓，結果民間傳聞他是第一位得性病的人，更慘的一件事，皇上得性病這件事情可不能讓別人知道，慈禧太后於是把同治皇帝的性病當作天花來醫治，並未對症下藥，當然最後死相悽慘。

但是讓人好奇的是，皇上一生下來，不用花費什麼努力，就享有後宮佳麗三千。如果你是皇上，相信每天在後宮都忙不完了，哪有時間微服出巡，到底是什麼力量驅動皇上甘冒被刺殺的危險，而偷偷地跑到民間尋花問柳？有人戲稱是因為在宮中的女生都長相奇特，還找了一堆照片佐證。這些網路上找來的皇后、妃子或宮女的照片確實都其貌不揚，但也有

朕想外出獵食，不想在宮中被餵養……

可能在當時的審美觀下是美女，像是唐朝就喜歡肥胖如楊貴妃；其次，也有可能照相技術不佳，拍出來的效果比較差。

經濟學家假設人都會希望以最低的勞動力成本來換取最大的利潤，因此如果後宮佳麗有三千，每天一位，大概也必須要9年才能輪完一回，況且以皇上的權力，隨時都可以有新的貨色，但許多皇上似乎熱衷於微服出巡找新歡，有人稱之為女人的「衣櫃理論」，也就是說永遠少一件。

本書要探討的並非衣櫃理論，而是「反不勞而獲」的論點，這種「反不勞而獲」的現象與經濟學的基本原理不一樣，經濟學認為生物多半會選擇以最小的努力換取最大的收穫，但是反不勞而獲的論點，則認為透過一定努力過程才得到的收穫，比不勞而獲更能產生一定的快樂感[79]。

動物心理學家Glen Jensen曾提出反不勞而獲的覓食行為，許多動物寧可努力賺取自己的食物，也不願不勞而獲、享受白吃的午餐。Glen Jensen所做的實驗中，把餓到不行的白老鼠放到籠子中，經過一段時間訓練，使其瞭解自動餵食器會自動跑出食物，另外一個設備是把手。白老鼠先是開始研究把手的功能，發現把手會出現食物，但突然之間燈光全滅，把手也不跑出食物。實驗者讓白老鼠學習到「燈光全滅，食物就不會跑出來」這兩者之間有關聯性。此時，實驗者又放入一個杯子，裡面都是食物，可以不花費任何力氣就可以享用。最後

---

[79] Dan Ariely，《不理性的力量》，第94頁。

把燈打開，燈打開代表只要按壓把手就會有食物，白老鼠會繼續享用不必任何努力就可以吃到食物，還是跑去按壓把手才有食物？實驗結果發現大多數的老鼠都會跑去按壓把手，而且44％的老鼠從按壓把手的方式所獲取得食物量比較高[80]。

換言之，動物未必會喜歡快速取得食物的方式，反而會喜歡更複雜、更有挑戰性的過程。看完這樣子的理論，想著皇上偷偷微服出宮，臉上帶著有點偷情的笑容，似乎感覺還蠻有道理。

4 大學教書，如果完全不點名

提到「反不勞而獲」的論點，第一個讓我想起的例子就是在某科技大學任教的經驗。古人對於這個教師的工作，總是認為傳道、授業、解惑，最高等級的老師就是要啓發學生，只是隨著少子化的趨勢，國內大學數量太多造成供需失調。大學為了要能繼續生存下去，只要願意交學費的學生，很多學校都積極爭取，套句我聽過該校校長所講的一段話：「各位老師不要當太多學生，學生被退學後跑到其他學校，我們就沒有學費收入了，這樣子老師們怎麼辦？我知道大家都是有理想的，但有時候理想與現實是要取得平衡，各位老師……學生，有交學費就好。」

---

[80] Dan Ariely，《不理性的力量》，第91-94頁。

從此之後，我開始實驗不點名學生是否會出席，是否能用自己的演講技術、豐富有趣的內容來吸引學生，抱持著馬雲的精神「離開是他的權利，留不住是我們無能」，我也來一句「不來上課是學生的權利，留不住學生在教室聽課是我無能」。每次學期一開始發下豪語，但過了半學期的心得，發現在完全沒有任何壓力的客觀教學環境下，學生會產生怠惰的本性，能撐到最後的學生自制力都非常強，但大多撐不了幾堂。

　　有些學生一聽到我是三不老師「不點名、不考試、不交報告」，下一堂課出席率只剩下10%，也就是一班50位學生，大約只會有5位學生出席。最慘的一次只有1位學生，其實應該是3位，有2位看到人太少，包包一提就走了。我好奇地問最後一位同學，為何還堅持來上課，這位同學回答也蠻新鮮的：「外面下雨，等雨停了再走。」

　　這樣子上課其實也不錯，只要老師堅守教室，偶爾有幾位學生來上課，或者是跟老師聊聊天。反正大家也沒啥心情上課，又可以提早下課，不必花費什麼心思，還可以賺取鐘點費，何樂不為？但是對於不在乎這點鐘點費的我而言，後來決定不再教下去了，學校問我下學期是否還要教？我猶豫了20秒鐘，決定不再教。因為沒花費什麼心思就能領薪水，實在是沒有意義的行為。

　　人的行為，必須要有一定的意義，才有往前驅動的動力。

　　Dan Ariely教授曾經設計一個實驗，將受測者分成「認可情境」、「忽視情境」、「碎紙機情境」等三組，受測者必須在試卷中找到10組兩兩相連的S字母，完成第一張試卷0.55美元，第二張0.5美元，依此遞減，第12張試卷以後是沒有錢可領的。

　　「認可情境」組，做完實驗必須要簽名。

　　「忽視情境」組，做完實驗直接交卷。

　　「碎紙機情境」組，做完實驗後直接碎掉。

　　實驗結果如下：

組別	平均完成張數
「認可情境」組	9.03張
「忽視情境」組	6.77張
「碎紙機情境」組	6.34張

　　認可情境組，平均完成了9.03張試卷，另外兩組差不多，都不到7張。此一研究成果讓我們知道一件事情，如果工作有得到別人評價的可能，那麼這到後來除了金錢以外還是有意義的，有意義的工作將會成為影響我們是否繼續努力的因素。

　　回到剛剛所談的某科技大學任教經驗，當沒有什麼學生願意聽課，代表我的授課內容無法有效地讓學生獲得成長，即使

只要輕鬆地站在講台上就可以換取鐘點費，這樣子只有錢沒有成果的教書，如同Dan Ariely教授所進行的實驗一樣，是無法吸引我花時間繼續教學下去的。

5 偷不如偷不著

再回到兩性議題，或許各位都有聽過一句諺語「妻不如妾、妾不如偷、偷不如偷不著」。男人有了正宮，基於廣泛播種的天性，總是覺得一個正宮還不夠，最好有個三妻四妾。但是這樣子就夠了嗎？最好三妻四妾之外，還跟一些女人偷偷來個地下情，如果女子手段高超，來個欲拒還迎，偷不著的感覺把男人的心勾得癢癢的，男人反而會在內心中獲得期待感。尤其是對於愛情老手而言，體會過愛情、嘗試過性行為的美妙，當再看到美麗動人的女子時，會促使大腦釋放多巴胺，產生一種期待與趨前的動力。

偷不到的身體變化：

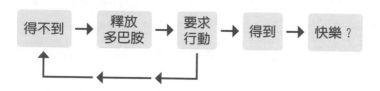

同樣地，如果你去逗一逗小孩子，也會發現有類似的狀況。小孩子對於陌生的食物通常比較擔心採到地雷，也就是說

怕吃到不好吃、看似噁心的東西，所以對於沒吃過的東西通常會有排斥的現象。這時候該怎麼讓小孩子想要來吃呢？很簡單，就是故意不讓小孩子吃，通常會有一個很有趣的現象，小孩子反而會很想要吃這個食物，這就是「偷不著」的快感促發大腦去行動。

與朋友一起分享美食，是否比自己一個人吃，感覺更美味？

一個大蛋糕一個人吃太多，三個人吃剛剛好。如果我們把三分之一的蛋糕讓一個人自行食用，和找三個人一起把整個大蛋糕吃完，然後實驗後詢問他們的感想，應該是三個人一起把整個大蛋糕吃完會感覺比較美味。為何會有如此的感覺？不都是吃三分之一的蛋糕嗎？答案很簡單，因為人比較多，有搶食的感覺而覺得更好吃。

2014年，心理科學雜誌（Psychological Science）刊出了一篇耶魯大學Erica Boothby所帶領研究團隊的研究成果：分享會擴大美好與不好的經驗。實驗中，受測者共享好吃巧克力的經驗，比沒有共享的情況，感覺會覺得更好吃；反之，如果是一起吃很苦的巧克力，也會比沒有共享的情況下覺

得更苦。換言之，不管是正向的或負向的，都會產生加乘的效果[81]。

　　但是這一項實驗只有告訴我們結果，至於為何會產生擴大效應並不清楚。不過，這個實驗倒是讓我想起一次經驗，2014年的11月間，我在中原大學演講結束後，帶著聽講的在職專班學生到附近的連鎖餐廳小聚一下，每個人點了杯飲料，也點了一些餐點，其中有一種薯條、雞翅等混合食物的分享餐，本來只叫了一盤，但大家手一直往裡面伸，對於油炸食物不太有興趣的我，吃了一口，突然覺得蠻好吃，似乎大家共食手一直伸進這一盤食物的行為促發了自身的食慾。於是原本不小的一盤居然很快就見底了，我問了一下大家的意願是否再追加一盤，大家居然都點了頭。

　　當時我在想，為何會覺得特別好吃？

　　從上面耶魯大學Erica Boothby所帶領的實驗結果，推斷有可能因為怕吃不到的心理作用，大腦會分泌多巴胺產生行為上的驅動力，每吃一口就像是完成任務一樣，這或許也是為何很多餐飲店都會推出分享餐，應該就是因為分享帶來的美好或不好的經驗都會產生放大的效果，當然享用美食是美好經驗的放大。

---

[81] E. J. Boothby, M. S. Clark, J. A. Bargh. Shared Experiences Are Amplified. Psychological Science, 2014. 參考 http://www.sciencedaily.com/releases/2014/10/141007103433.htm。

　　偷不著、搶食，都會讓人產生期待感或感覺更好吃，KTV
唱歌時，搶麥克風會讓你更想唱歌；所以，不一定是因為分享
所產生的快樂，有可能是競爭所產生的快樂感覺，讓人更想要
去追求眼前的事物。只是「食物」分享只會增加一點吃不夠暢
快的感覺，但「伴侶」分享，那可就不是一件愉快的事情了，
而是橫刀奪愛的嚴肅事情，那可能會鬧出人命的。

6 雲霄飛車會導致性高潮？

　　有一個限制級的問題，請先看附圖：

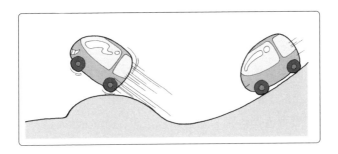

　　以前在山上教書，校門口附近有個斜坡，開下去之後會遇
到一個小陡坡，如果在小陡坡之前稍微加速一下，每次這樣子
衝一下，我發現性器官附近會興奮一下。這個感覺讓我有點罪
惡感，但也覺得很奇怪，為何興奮的地方是性器官的上方，肚
臍下方的部位？好奇的我，好奇是否高低落差的活動，會導致
性高潮的結果，第一個想到的就是雲霄飛車。結果還真的在

Youtube上查到，有些影片顯示女生搭乘類似高空彈跳的機器會高潮有關，這有可能是真的嗎？還是說只是遊樂園業者故意貼在Youtube的噱頭？

還有，我發現喜歡看熱鬧，如看人吵架會讓人感到興奮，這種興奮是單純屬於看熱鬧的興奮，還是跟剛剛那種偏向於性興奮的感覺是一樣？刺激活動、看熱鬧，為何會讓人感覺很興奮？

我一直有個疑惑，為什麼很多人喜歡搭乘雲霄飛車？我就很排斥，感覺實在是太可怕了，尤其在等待的過程中，每次隊伍往前進就讓我呼吸更困難了一些。上網找了一些資料，也詢問了許多朋友的觀點，簡單整理成下面幾種可能性：

有學者從1970年代開始研究出人類受到刺激的時候所分泌出來的化學物質，或可稱之為「狩獵式反應」，像是追捕獵物、被野獸攻擊，都會觸發我們作戰或者是逃跑的反應，但無論是作戰或者是逃跑，都是靠杏仁核（Amygdala）的分泌，這會刺激腎上腺、皮質醇和腦內啡等激素快速大量地分泌，讓人興奮產生作戰或快速逃跑能力。

另外，也有可能是多巴胺作祟，因為神經訊息的傳送與接收與人類的壓力情緒有關，當血液中多巴胺濃度升高時，會讓人產生期待愉悅的心理反應。對許多人來說，一般運動的強度已經無法滿足需求，必須追求更高更刺激的運動，才能讓他們覺得心滿意足。

　　此外，從「比較」（落差感）的角度出發，認為大腦透過高度刺激產生落差感，偶爾來點刺激生活才不會那麼乏味，只是落差感的過程是先痛苦再回到原點，所以本來是平靜的人生，改變成先苦後甘，有些人著眼於甘，所以喜歡雲霄飛車；有些人著眼於苦，所以不喜歡雲霄飛車[82]。

〈結論與建議〉

◎ 建立好的人際關係，要先建立適當的情境。從演化的角度，人類希望尋找能共同抵禦攻擊的夥伴，所以創造危險、必須相互扶持的情境，會產生革命情感。

◎ 緊張的情境會產生心跳加速，與因愛意產生的心跳感很像，所以看鬼片、搭雲霄飛車就是不錯的方法。

◎ 兩性關係的發展，最好要欲擒故縱，不要讓對方輕易得手。

◎ 人多一點的活動，會讓快樂的活動有更歡樂的效果，像是8個人唱歌會比3個人唱歌還容易快樂。

---

[82] 〈請參考人為什麼喜歡追求刺激〉，http://blog.sina.com.cn/s/blog_51ffcb630100fisu.html

11 時間的科學

1 尋找最佳時機

　　很多學生常在半夜問我問題，我在回答完問題後，隨口問他們已經凌晨一兩點，為什麼這麼晚了還在唸書？這樣子精神不會愈來愈不好嗎？答案大多是千篇一律，每個人都差不多……習慣了，但確實有感受到精神愈來愈差。這就是現代人的毛病，已經變成「習慣」晚睡。但其實早上，才是唸書的最好時間。除非你是一個很有自制力的人，否則晚上的資訊太多，LINE、臉書等網路訊息不斷干擾，好奇心會驅使你一直看這些資訊，能看書的時間反而不多。

　　習慣晚睡的朋友，即使聽了我的建議，剛開始總是會反應根本爬不太起來。但是不要灰心，只要慢慢地調整，每次早20分鐘睡覺，生理時鐘就可以逐步地調整早20分鐘起床。起床後，洗把臉，不要老是懶得洗臉，這會讓你快速清醒，把眼皮上的黏液去除掉，就沒那麼想睡了。可以在最清醒的時候唸書，而且是最安靜的情況下；因為昨天玩LINE、臉書的人都還在睡覺，沒有新的貼文、沒有叮咚的響聲，幾乎沒有人會在這時候吵你。

這是唸書的最佳時機。

人生還有許多時機，像是受孕期間。有研究認為做愛的最佳時間是下午，因為男生的精子品質最好，另外女性的部分當然是要選對排卵的時間，如果是月經來的時候，都已經要排出體外，那個時候就幾乎不可能懷孕了。

最佳時機，可以讓我們以最低的成本達到最高的效益，如果抓錯了時機點，可能會有無法獲得預期的收穫，甚至於可能獲得反效果。所以，像是下午1點到1點40分之間會避免打電話，因為很多單位在這段時間還在休息，如果只是因為自己已經上班而隨便打電話給對方，容易造成反感，因為對方可能還在休息。試想看看，對方是一位習慣午休的人，正把握最後的15分鐘的午休時間，結果刺耳的鈴聲響起……天啊！即使電話接起來口氣不錯，但心中罵人的話可是不斷。

時機不對，就無法達到預期效果。

2 星期一效應

「只有在他們感到舒適、自在、狀況良好，而且心裡感覺到看到你、和你講話是對他們有利的時候，你才真的能有所求。」[83]看到Kevin Hogan在書中所講的這一段話，第一個想到的問題就是：到底什麼時候才是提出要求的最恰當時機？

---

[83] Kevin Hogan，《優雅的影響力》，第148頁。

Kevin Hogan提出了「自我調節額度」，試想看看，每個人在週六週日補充體力，好好地放完假之後，身心無比舒暢，星期一早上的「自我調節額度」最高，也是最有意志力控制各種慾望的時刻。雖然星期一好像很憂鬱，與一般論點相反，這個見解說明了為什麼當人很疲憊的時候，想要減肥的自制力就降到最低，很容易在美食的前面潰敗。

星期一開始，每天又要面臨各種工作、生活上的挑戰，上班遇到亂超車的駕駛，控制自己花掉一些額度；上班遇到老闆莫名其妙的罵人，又花掉一些控制自己的額度；客戶的無理要求、隔壁同事偷懶增加你的工作量、中午用餐的小小不愉快，這些都會不斷地消耗你可以面對各種挑戰的額度，直到用盡為止。

你的行為在用盡的一剎那間，因為缺乏調節的力量而容易失控，一件小事情就會甩門大罵，「老子不幹了」也可能會喊了出來，這時候你必須要冷靜，調節一下自己的情緒，來杯最喜歡的拿鐵咖啡，讓你的「自我調節額度」增加一些，也或許需要放自己一個長假，讓自己有更多的元氣來面對各種難應付的狀況。

所以，一些研究統計的結果，早上可以完成極高比例的生意，下午4到6點的業務拜訪結果通常都不太好。這樣子的結果，似乎與一般人所想像的下午效果會比較好有所不同，但事

實上卻是相反的[84]。所以，從「自我調節額度」的角度來看，星期一早上、星期五下午，或者是平常日的早上，是一個你提出要求的好時機。

3 十二點效應

過了十二點鐘，你是否會處於一種慾望比較開放的狀況？

十二點效應，有點像年輕時參加露營活動的情境，男男女女一同坐在營火前面，分享著自己最拿手的愛情故事，也或許是讓大家臉上佈滿驚恐的鬼故事，當然也可以是自己小時候的悲慘經歷，甚至於是訴說上一段感情的波折，大家很舒服地坐在草地上，營火搖晃著的火光映射在每個人的臉上，那一段寧靜晚風吹拂過臉上的時間，透過故事的聲音打通了所有人的心防，不知不覺間彼此的感情都昇華了一個層級。

個人有時候會透過網路與朋友聊天，只要在十二點以後，我發現很多人都變成另一個層次，一個比較願意敞開心胸與人分享的狀況，可以開始聊些比較內心的議題。如果是一對一的，效果通常都不錯，但一定要半夜十二點以後，凌晨一

[84] Kevin Hogan，《優雅的影響力》，第134頁。

點也不錯，過了二點，通常都體力不繼去睡著了。

有人問我說：是在十二點以後，會進入內心脆弱時段嗎？

這我就不太清楚了，但或許可以上網看一下日劇「深夜食堂」的感覺。假想你自己一個人，深夜漫步在日本的街頭，十二月的寒風吹在身上，讓你心情寧靜了下來，有著一點孤寂的感覺。一個人漫步在日本的街頭，找到了一家古樸風味的餐館，拉開和式的大門，店老闆和氣地對著你微笑，似乎在說著這邊就是你的家。

店老闆跟你寒暄了幾句，雖然並不多話，但端上的溫暖食物卻迅速地融化了內心孤寂的寒意。熱熱的湯緩緩入口，慢慢地享用完了餐點，走出了餐館，寒風吹襲著臉龐，走上街頭一個人的感覺再度襲上了心頭，但這時不再因為寂寞而難過，而是另一種享受一個人的心境。

如果我們把深夜食堂的照片換一下，換成白天的情境，這時候是否感覺不一樣？還會有這麼多如詩般的感觸嗎？因此，晚上的時段，尤其是凌晨，就會有明顯的「十二點效應」，適合訴說自己心情的最佳時機！

4 一週聯絡一次

> 人際關係就如同放風箏，隨時要拉一下。
> 太久沒拉，或是想到要拉的時候，
> 才發現斷了線，可能就都找不回來了。

通常受邀演講完畢之後，我會在一個禮拜之內回封信，感謝承辦人一週來的辛苦。為什麼不在當下回 Email？我稱之為「發酵期」。如果我的演講表現得很好，引發不錯的迴響，可以發酵個幾天，對於邀請人而言是很有面子的。當天就回覆，效果只有三天吧！但如果是一週回覆，演講效應剛要消退，在這個時間回信，剛好可以再次觸動承辦人的心靈，如同複習的效果，讓對方再加深印象一次。

朋友之間是可長可久，將回覆期拉長在一週之內，不會太長也不會太短，至少可以有兩人的友誼超過一週的錯覺，也可以複習一下彼此之間的關係，往往會得到承辦人蠻誠懇的回信，對於未來也有機會幫忙行銷，成為自己最佳的行銷助力。

據我的經驗，這些辛苦的承辦人也都會幫忙做口碑，承辦人的朋友常常也要舉辦這一類的演講，彼此會互相通電話詢問誰講的比較好，通常會把我列為推薦人選。因此我的演講主題雖然冷門，偏重於資訊安全與個人資料保護，但是每年也有個

40-50場次，算是生意興隆。不過前提是要講得還不錯，否則，即使寫了Email，恐怕對方也是一肚子氣，勉強壓住了性子來回覆你，說句「感謝分享」就結束了。

兩性交往也是一樣。在一個小型聚會中，男女各三人，大家喝咖啡、聊是非，也許是相約到KTV唱歌，狂歡結束之後，有些人看對了眼，互相要了電話、LINE或臉書，做為未來交往的伏筆。

如果你拿到了一位心儀對象的聯絡方式，該怎麼聯繫？每天打電話、一直傳LINE、不斷在對方臉書按讚，並且想要打鐵趁熱地積極約見面？

個人覺得這是夜店交友，並非一般的交友模式。所謂夜店交友模式，是指夜店交友的關鍵時間大概只有3到4個小時，在這麼短的時間內要找到獵物，死纏爛打是不可避免的。

一般的交友模式則非如此，不可以表現出猴急的樣子。如果你每天都花很多時間與對方聯繫，試著想想看對方會怎麼評估你？想像成買房子，當買方很積極的時候，賣方很快就看穿買方對這間房子超級有興趣，價格就很難殺下來。如果在言談之中，暗示自己也在看其他房屋，而且條件更好，透過外在選擇數量的告知，可以藉此提高購屋的議價能力[85]。

同樣地，第一次傳的訊息只要表示「很榮幸有機會能認識對方」即可，不要讓死纏爛打的行為破壞了既有的正面形象。

---

[85] Willim Nicolson，《把妹經濟學家》，第171頁。

可是LINE或臉書卻讓人與人之間的聯繫更密切，這麼好的社交工具不好好利用實在可惜，這時候建議可以成立一些專業的討論群組，然後很禮貌地詢問對方對於這個領域是否有興趣共同討論，如果對方有興趣加入這些群組，就比較不會在你廣大朋友群中慢慢消逝。

這時候可以定期寫一些專業的分析，但不要太無聊。可以每天敲對方，但不要談太久，也許只是問他一個簡單的心理測驗，或者是詢問一個與群組有關的問題，千萬不要讓對方以為他（她）是你唯一的選擇，否則就像是宣告自己已經是對方的囊中之物，無法得到公平的對待。

當雙方都有好感的時候，慢慢地每週可以與對方相約聊天一次，放開手機、電腦，好好地面對面來個深度訪談。但次數不要太頻繁，一週一次至少要維持一個月，主要是要讓對方覺得你有很多外在選擇，即使沒有，也要讓對方有這種感覺。換句話來說，要欲擒故縱，而不是死纏爛打，一週一次剛好不會太密集也不會太疏遠。

< 結 論 與 建 議 >

◎ 時機不對，無法達到預期效果。

◎ 十二點，黑夜來臨，將因為情境的不同而改變心境。

◎ 交友不要急躁，一開始一週聯繫一次即可。

12 形象是魅力第一要素

1 你是帥哥還是醜男？

知名學者Dan Ariely研究團隊曾經分析hotornot.com網站的資料，這個網站大家可以先玩一下，再來看看本文的分析，類似的功能可參考國內的愛情公寓網站。hotornot.com網站一加入後，你會看到很多女生的照片，看完照片後再決定是否要給予「愛心」或打「×」，系統就可以依據「愛心」的比例來給分，例如1,000人中有600按愛心圖案，就是6分。

我加入了這個網站，並對女性照片進行評分，經過了一些練習，發現自己大約可以猜出照片中女生的分數，或許也可以說我和平均男性的判斷或評價標準其實是差不多的。回到這個研究團隊的研究內容：

⑴外觀吸引力指數低的人，對自己的美醜程度有高度自覺。

⑵外觀吸引力指數高或低，並不會影響到評價他人美醜的判斷能力，也不會有自己不帥（美）就說別人不帥（美）的酸葡萄心態[86]。

另外，Dan Ariely曾進行一項「速配服務」的研究，所

---

[86] Dan Ariely，《不理性的力量》，第253、255頁。

謂「速配服務」是男生與女生隨機座位，隨著4到5分鐘的鈴聲響起，男性就要站起來換對象聊天，如果覺得合適，就可以在表格上打勾，主辦單位最後統計結果，如果雙方都有打勾，就可以取得聯繫資料。

該研究稍微變化了一下活動進行的方式，加上了選擇約會對象可能考量的條件與重要性，如外表吸引力、聰明才智、幽默感、心地善良、自信、個性開朗，依據這些內容來評估聊天的對象。研究結論發現：長相出眾的人在選擇約會對象時比較重視外表，而長相吃虧的人則比較重視其他特質（聰明才智、幽默感、宅心仁厚）[87]。換言之，長相吃虧的人都學會了要更重視相貌以外的其他條件。

延續著剛剛在hotornot.com網站的研究結果顯示，男性按下「見個面」按鈕的比例較女性高出整整240%，這與一般人認為男性飢不擇食，以播種為目的想法有異曲同工之妙。想起當兵時有一句話「當兵兩三年，母豬賽貂蟬」，指男性在一定時間沒能有合適的女性伴侶時，只要是女人都可以了。或許還可以做一個延伸性的研究，或者是非正式的調查，在偏遠營區中，其附近商家適婚年齡女性的未婚比例是否比較低？或者是分析附近女性與軍人結婚的比例是否較高？

2 比較效應：別和王子（公主）一同出席

---

[87] Dan Ariely，《不理性的力量》，第258頁。

帶一個條件比你差的一起赴約。

思考是痛苦的，選擇是必須要進行分析的過程，如果有「比較」的選項，當事人會直接選擇較優的對象，而忽略了應該要進行本質分析的過程。換言之，可以比較就不會深入分析。有一項有趣的研究，提供受測者《經濟學人》（The Economist）雜誌的選購方案：

> 網路版：59美元

> 雜誌版：125美元

> 網路版加雜誌版：125美元

實驗結果，16人會選擇網路版，0人選擇雜誌版，84人會選擇網路版加雜誌版。「雜誌版：125美元」是一個誘餌，讓受測者選擇網路版加雜誌版，所以沒有人會選擇只有雜誌版的這個選項。

但如果是把中間的雜誌版移除，剩下兩種選項：

> 網路版：59美元

> 網路版加雜誌版：125美元

結果馬上不一樣，68人會選擇網路版，32人會選擇網路版加雜誌版[88]。明明是一樣的選項，之前選擇網路版加雜誌版的人高達84%，但是將其中一個選項刪除之後，為何突然降低變成32%？如果採取3種選項，將可以讓總訂閱營收達到8,012美元至11.444美元之間，大幅度提高了43%[89]。

實際上，這和先前所提到的「框架效應」是一樣的道理，也就是我們看到事物，主要還是依據其與周遭事物的比較性來決定其內涵。企業行銷有很多是價格誘導了方式，你以為自己做出了選擇，但實際上是選擇了企業所預期與希望你所選擇的項目，有點像是魔術界中的「魔術師的選擇」，你以為是自己選而魔術師看透了你的心，其實是魔術師用心理學的技術讓你做出了選擇。

所以當你要與朋友聚會的時候，找一個在各方面都比你差一點的朋友，並且積極追求你所想要的目標，會讓對方覺得如果選擇了你，就是一個正確的選擇。如果再複雜一點，你和兩位朋友A和B，同樣要去赴會，對方也有三個女生，算是一個小型的交友聚會，你們三人各有不錯的長相，各有特色、沒有輸贏，唯一的差別是……

[88] Dan Ariely，《誰說人是理性的》，第46-48頁。
[89] Phil Barden，《行銷前必修的購物心理學》，第67頁。

> 你：有一間房子，坪數35坪
> A：有一間房子，坪數20坪
> B：有一筆錢，可以準備買房子

　　這時候恭喜你，如果三人在其他項目如存款、學歷、長相等資訊都公開透明，而且這些項目的評分都差不多，會選擇你的機會將大大增加，因為A可以說是你的誘餌、你的框架，更能夠凸顯出你的優勢，畢竟人們不喜歡分析，太耗費大腦的精力，如果單純透過「比較」就能夠選擇出好的人選，那當然就用比較的方式來擇偶。

> 你：博士班就讀中，名校
> A：博士班就讀中，私校
> B：碩士畢業，雖然沒有唸博士學位，但擁有一些專
> 　　業證照

　　恭喜你，又在比較的行列中表現突出了。

3 你是小胖妹嗎？

　　有一次，問一位蠻漂亮的輕熟女同事：是不是曾經有一段時間很胖？然後我就被打了……但經過我解說之後，這位女同事流著眼淚，緊握著我的雙手，向我表達歉意並不斷地說出感謝之意。

發生了什麼事？請聽我娓娓道來……

當這位輕熟女同事捲起了報紙鞭打我的時候，我一邊唉唉叫，一邊懇求她別再打了，只見她雙手叉著腰說：就給你個機會說明白吧！

為了怕被打，當然要趕緊解釋！於是說出了之前的故事：「最近我在研究犯罪側寫，並且把犯罪側寫的技術來練習分析臉書上的朋友。其中有一位女生 Nicole 還蠻漂亮的，我依照國外研究所歸納出來的指標比對著 Nicole 的照片，一般漂亮小姐或多或少都會有一些不友善（如孤傲、難親近）的特徵，但這位小姐卻同時具備有美麗與友善的特徵，可以說是相當少見。」

正在很認真地說明時，輕熟女同事又是一陣亂打，罵著說：「你就是這樣子把妹的喔！」

被打得頭昏眼花的我，趕緊補充回答：「這是學術研究，你可不可以聽我講完啦！」

輕熟女大概也很好奇，於是又安靜地聽我繼續說下去……

接著我和這位臉書的美女 Nicole 聊了一下腰臀比的議題，她就提到最近熱衷健身，所以擁有 171 公分／51 公斤的比例。天啊！這簡直就是夢幻比。但美女補充說過去體重長期都在 60 公斤以上，甚至於大學畢業高達 80 公斤。

聽到這裡，我突然懂了！

正要提出我的發現時，美女繼續說了下去：我覺得大家都

有機會能變漂亮，不喜歡很多人只會嘲笑別人胖。比如，我弟如果說你看那個（胖）女生怎麼敢那樣穿？我就會罵他，她有自信那是她的自由，礙到你了嗎？

我馬上回應：「沒錯，從實驗中證明，人不太可能替別人著想，都會從自己的角度中思考。所以一般人能夠在說話前就注意不傷害胖妹的心，是比較少見。因為你是胖妹變美女，通常會存在胖妹的善良與美女的美麗，更能夠體會胖子在社會中所受到的歧視，這或許是我一開始覺得你有雙重優勢這種異常現象的原因。人胖，就容易會善良或善體人意，這個跟「名校情節」是一樣的道理，非名校的老闆比較不會在乎學歷，同樣地，胖妹比較會體諒別人。」

講到這裡，眼前的輕熟女同事似乎懂了我一開始的問題：「是不是曾經有一段時間很胖？」輕熟女同事眼角含著淚光，帶著很高興的語調說：「原來你是要稱讚我，不好意思喔！還真是誤會了你。」

胖過的美女比較善良，這個論點的基礎是什麼？

從小到大都很漂亮的美女，通常都不太容易親近，常被稱為「冰山美女」，所以這種美女，通常不太好親近。純種美女，很難有「美麗」和「親切體貼又善良」兩種人格特質同時

存在的現象。但是，曾經胖胖的美女，則具備「美麗」和「親切體貼又善良」的兩種人格特質。據此，我們可以推論當你看到一個美女，又覺得她很好親近的時候，如果你有種可以問她：你以前一定是個胖子。但是要有心理準備，你可能會先被毒打一頓。

當然我們還可以研發出下列說話的小技巧：

編號	讚美詞	代表意義
（1）	你以前是不是很胖	稱讚對方（美女）親切體貼又善良
（2）	你從小與親切體貼又善良的形容詞絕緣	天生大美女
（3）	你看起來是一位很容易親近、體貼又善良的姑娘	你最近很胖

話說回來，這位美女Nicole過去是小胖妹，也許善良的本性是因為曾經胖過，當時胖過所以深受歧視，也因此產生了同理心的特質，而且善良久了就內化到骨子裡。進一步的問題是，如果沒有胖過，還會善良嗎？當然還是會善良，因為任何身材的朋友都可以成為好人，也可以成為壞人，身材只是影響人格特質的因素之一，並不是絕對的因素。

4 挑嘴的選偶

常常有許多曠男怨女完全找不到另外一半，也就是說長期沒有對象，這類型的男女有些條件也不差，只是設定了一些怪異的條件，沒滿足全部條件的對象，根本不列入考慮，當然會成為角落中被遺忘的一群。

比較好的選偶方式，應該是只先設定一個條件，例如只要是男人或女人即可，當然讀者您一定會說「這樣子也太廣了吧！要不要直接改成是人就可以。也就是男生女生都可以，範圍更廣多一倍。」這樣子的選偶方式當然是沒啥意義，但是正

常人大概會有下列基本的過濾條件[90]：

男人選偶條件：女人要年輕、漂亮
女人選偶條件：男人要有錢、個性穩定、身高較高

　　只是有些人的擇偶條件又多了幾個選項，例如我有一位朋友本身條件普通，但偏偏擇偶條件加上「上圍36G」。天啊！不但要36還要G CUP，可是這位男性友人因為長得不帥也不高，條件也很普通，願意與他交往的女人本來就不多，他又加上了這一個「上圍36G」條件，幾乎一年碰不上一個可以選配的對象，因為配對的機會變少。所以，長久以來，這位朋友對於如何與女性應對談話的技巧非常生疏，即便萬中選一的機會出現，但少了訓練、缺乏與異性交往的能力，機會也就從手中溜走。

---

[90] Dario Maestripieri，《人類還在玩猿猴把戲》，第234-237頁。
據研究調查顯示，所有國家的男性都喜歡比自己年輕的伴侶，平均來說，男性喜歡比自己小2.66歲的女性，而女性喜歡比自己大3.42歲的男性。但有些人會質疑，時代演變至今，一堆男人都不想要生小孩，怎麼還會挑選跟繁殖力（身材好）有關的女性呢？同樣地，女人要找一個安穩的窩，所以研究顯示會偏好比自己年長有錢的男性。但也一樣有質疑，現代的女性在財富上可以獨立自主，為何還有選年長有錢，應該挑選最俊美的對象？這樣子的論點誤會了演化運作的概念，演化的結果，讓男人對於身材好的女子，是潛意識地產生好感，而非有意識地分析利弊得失後才產生好感。參照班·安柏瑞吉，《心理學家教你的透視術》，第81-83頁，或可參考Sex differences in human mate preferences: Evolutionary hypotheses tested in 37 cultures.（本文可上網搜尋）

從這些經驗上來分析，第一件要請大家做到的事情：

條件不要設定太嚴格，不符合自己條件的對象，
至少可以當作提升人際關係能力的訓練對象。

並不是說不能設定特殊條件，重點在於你所處的環境是否能提供足夠的異性交往候選人，例如你要求的對象必須是回教徒，住在台灣可以選擇的對象就很少，必須要搬到東南亞的印尼或馬來西亞這些回教國家，才有充足的配偶候選人。這就是「市場規模」的重要性，也是經濟學家所說的「稠密市場效應」，市場上選擇愈多，買家與賣家都愈有機會達到完成選配的目標[91]。

如果要在台北買電腦設備，光華商場是第一個想到的地方，數百甚至可能上千間的店家集中於市民大道與忠孝東路間的區塊，讓你逛完這些店家，就能一次購足。來到了網路時代，也可以在許多購物網站一站購足，找到所需的物品。

在台灣的網路拍賣市場，你可能不會找 www.eBay.com.tw，反而會找 tw.bid.yahoo.com 網站，為什麼呢？很簡單，因為沒有足夠的賣家在台灣 eBay 賣東西，要找到豐富的商品，就必須要 Yahoo 拍賣網站，你如果要找很特殊的商品，只能找貨源豐富的平台。

---

[91] Paul Oyer，《交友網站學到的10堂經濟學》，第136頁。

選擇交友網站也是一樣，i-Part愛情公寓（www.i-part.com.tw）應該是大家比較有印象的交友網站，如果在Google上發現其他的交友網站，恐怕又得擔心害怕裡面成員的素質。當然也有號稱保護當事人隱私的flirq，只是我親自加入該網站，卻從flirq的討論區中，發現似乎使用人數並不多，如同台灣eBay一樣，沒有人氣，沒有廣大的可選擇性市場，什麼都免談。

各位可以想一下自己的社交環境，有些人下班之後就不再與人進行社交活動，年復一年、週而復始，遇到的都只是自己的同事、家人，然後就沒有了。對於這種社交圈子相當狹小的朋友，充斥在我們周遭，如果還要挑剔自己所選的對象，怎麼可能還有機會呢？

有一位在外商公司工作的女性友人，以為進了外商後可以有更多的選擇對象，但實際上卻是更封閉，再加上工作非常繁忙，一個月頂多騰出兩個半天可以參加活動，但工作忙碌的下場，是根本沒有心思去規劃參加哪些活動，久而久之，根本是封閉到變成了「宅女」。

參加優質的社交活動，打開自己的生活圈。

要參加哪些活動？

很多人喜好夜店活動，但我個人則持保留的態度，因為在夜店出沒的，常常會遇到李宗瑞之流，也就是單純性愛至上的

玩咖，比較倒楣一點，還可能被人撿屍性侵。

個人建議，首先在科技環境這麼發達的網路世界中，可以參加一些小班制、具有互動性質的課程，只要小心不是詐騙或者是直銷，就有機會認識許多志同道合的夥伴。像是我偶爾會舉辦一些中小型的成長課程，中間或結束的時候會提供一些互動的機會，長期觀察會參加我所主辦活動的人，本質大都不錯，值得彼此互相認識與成長。

第二個建議是到學校念書，可以在課堂學習過程中，找到許多與自己有興趣的夥伴，像是各校的EMBA都是業界優秀人士的結合，只要願意花進修的成本，就有機會認識許多頂尖業界的人士。當然，前提是要考得上。

第三個建議是當志工。很多人聽到要去當志工才能交朋友就皺了眉頭，我通常還是會鼓勵對方當志工是一個改變自己的大好機會，願意花時間當志工的人個性通常偏向良善，良善的人總是比自私的人好。一個不但能改變自己，也能找到優質人際關係的方式，何樂而不為？

5 交友網站的初體驗

談到這邊，讓我想起了愛情公寓之類的交友網站。這一類網站的目的，應該是忙碌的現代人可利用來擴張自己人際關係的重要工具。

第一次登入使用時，發現「聊天室」中有很多「現在想找人聊天的女生」，我隨便點選了一位，想說聊聊看到底是真是假，點下去的結果是……還要付費才能聊天。

　　這更讓我納悶了，因為上頭的小姐照片都還蠻漂亮的，又年輕，似乎不會流落在交友平台中，這些人在此讓我感到疑惑，難道這些人真的沒有人可以交往嗎？還是可以進行一項假設，如果想找人聊天的女生，照片都很漂亮、年紀很輕，屬於社交上的異常現象，有可能是下列三種情況：

❖ 從事性服務工作。

❖ 拿過度修飾的照片騙人

❖ 根本是該網站請來幫忙聊天的工讀生！？

❖ 機器人帳號

　　於是我決定驗證一下這些漂亮小姐到底有什麼目的，願意跟網友聊天。既然是驗證，最好的方法應該是直接花點錢來聊聊看，於是乎我用信用卡刷了最低金額 150 元。

　　我選了一位 33 歲的教育領域的朋友，年齡稍微高一些，比較不會碰到那種性工作者。運氣蠻好的，我和這位朋友 Yu-Fen（匿名）就聊了起來，當然直接表明是在做兩性科學的研究，沒想到 Yu-Fen 也分享了她許多的經驗，很多男人寄來的私訊是直接要 LINE，問是不是援交、多少錢等……

　　她的聊天門檻蠻簡單的，只要「看起來乾淨順眼不討厭、講話有腦不奇怪」，所以第一印象應該蠻重要的，她也分享了自己對於外觀的見解，像是交友網站就是人肉市場。我對於這樣子的形容，感覺還蠻貼切的。

　　接著Yu-Fen繼續分享說：在人肉市場中，大多數的人會拿出最好看的照片，如果他這張自信之作都不好看的話，你就可以知道這是個不太有自知之明，或者是屬於過分有自信的人。再來，從這張自信之作裡面還可以發現主角大概生活狀態，養寵物的幾乎一定會放寵物照片，有健身習慣或者男同志，會放上肌肉照。當然照片不能說明所有的事情，有些人外型不好但是內在很美好，不過相由心生這件事也是真的。

　　第一次運氣很好，遇到一個願意分享女性角度經驗的朋友，省去我很多工夫。從上述Yu-Fen的觀察，女性應付怪異男子的訓練，應該是遠高於一般正常的男子，甚至於一眼大概就可以判斷來的是色狼、普通男子，還是值得深入對談的人，當然在這個過程中也還是會受到騷擾。當然，男生也會受到色情訊息的騷擾，只是男生的運氣比較差，要付錢才能看到訊息，這對男性來說真的是一種歧視與不平等。

　　不過，看到一堆傳來的訊息，我的假設是可以不必理會，因為自動來的訊息，若不是條件很差，要不然就是色情訊息，還是多多練習如何從照片與基本資料，有效地過濾眼前的眾多選項，以判斷是不是性工作者、詐騙或機器人帳號。

<結><論><與><建><議>

◎ 讓對方以為做出了選擇，但實際上是你誘導下的選擇。

◎ 胖過的人，因為受過言語上的霸凌，比較容易有同理心。

◎ 依據稠密市場效應，兩性交往不要設定過多的條件，先放寬條件增加選擇性，才有更多挑選的機會。

◎ 參加優質的社交活動，打開自己的生活圈。

13 外表特徵的線索

1 外觀，判斷一個人的個性

　　德州大學奧斯丁分校研究團隊曾藉由照片比對陌生人與熟人對於受試者的評斷做研究。此一實驗的研究方法，要求一百多位學生各拍兩張照片，一張類似於沒有表情的大頭貼，一張則是隨便姿勢。接著學生自己評估自己的個性，再請熟識親友幫忙評估，據此建立側寫檔案。最後再請一批旁觀者依據學生相貌打分數。

　　最後的結果發現陌生人光看照片的評估，和熟人的差不多[92]，也因此產生了許多評估指標，依據這個研究的統計數據所整理出來一些評估指標[93]，如次頁：

---

[92] 《以貌取人，再也不會看錯人》，第95-96頁。
[93] 《以貌取人，再也不會看錯人》，第97頁。

評估項目	評估標準	評估項目	評估標準
外向	• 外表健康 • 儀容整潔 • 站姿有精神 • 微笑 • 裝扮時髦有型 • 雙臂不環抱胸前	對新事物好奇	• 穿著打扮與眾不同 • 外表的健康狀態 • 外表邋遢 • 不看照相鏡頭
友善	• 微笑 • 站姿輕鬆	自尊	• 外表健康 • 雙臂擺在身後 • 微笑 • 站姿有精神
嚴謹自律	• 外表平凡無奇	孤僻	• 外表有病容 • 外表邋遢 • 站姿疲憊慵懶 • 站姿緊張

　　我也以此標準找了一些不是很熟悉的朋友，看看他們在臉書的照片，來測試準確度。但有時候必須要多看幾張，與實驗中只看兩張有所不同，主要的原因是有些照片可能是修正過的，也有些照片可能是遇到了特殊的情況，因此有些照片中的行為外觀並不準確。

　　以下提供幾位實際製作的評估內容：

Tina

評估內容

外向指標：中偏高。你的外表健康、笑容不錯，但需要練習一下拍照時的笑容，讓笑容更清爽一點，不要感覺有點緊張。但我判斷是女性拍照的常見問題，就是想要拍好看一點，結果搞到有點不自然，所以指標判斷上不影響外向指標。

友善指標：高。你給人的印象就是善良、沒心機，笑容的線條已經是很完美。

嚴謹自律指標：中稍低。

對新事物好奇：中稍高。這年頭創意源自於對事務的好奇心，從外觀上來說，會受限於現在安全的美貌而不願意稍加改變，這樣子會改變你大腦的運作，讓大腦停留在安全線內發展。想要改變這種狀態，建議可以稍微在髮型上來點變化。

自尊心指標：中稍高，打擊忍受度還不錯。

孤僻指標：中。剛剛有提到笑容清爽度不夠的問題，主要原因是感覺有點緊張，拍照的動作可以再放開一些，否則有時候內心會感覺到悶悶的，長久下來會提高孤僻指標的指數。

林○君

評估內容

外向指標：中偏高。你的外表健康、笑容清爽、動作超級有活力，雙手似乎能迎接外界各種挑戰，建議若想要強化外向這個指標，可以稍微改變許久未上妝的容貌；如果覺得現在這樣子就夠了，那就別改變了！

友善指標：高。你給人的印象就是善良、沒心機，笑容的線條已經是很完美。

嚴謹自律指標：高。

對新事物好奇：中偏高。雖然你看起來好像很少接觸新奇事物，但從照片中的多項指標卻還是中偏高，可能是要認識你之後才知道你對於這個世界極具好奇心。

你有了小孩，還希望到歐洲玩嗎？而且是一個人喔！

自尊心指標：稍低，打擊忍受度高。

孤僻指標：低。

　　當時不知道台灣人這麼喜歡看面相，排隊的人潮已經不知道多少人，但因為看這個有點花時間，所以就只挑選大概十位，到最後連小貓都希望我幫忙看，這還真是讓人啼笑皆非！

　　以下是小貓的性格分析（你如果認真就輸了……）：

Abby Guo
的貓

評估內容

外向指標：如果依照人類的指標，這隻貓咪算是中間偏高的外向，如果是母的，那真是開放啊！

友善指標：笑容缺乏友善性，可能是本性如此，不過站姿輕鬆，因此友善度算中間了。

嚴謹自律指標：中間偏低。

對新事物好奇：低。

自尊心指標：中偏低，被打罵依舊老神在在。

孤僻指標：從指標上來看似乎看不出來，不過貓如果不孤僻那還是貓嗎？

　　經過不斷找人練習後，慢慢地居然發現自己能培養出一些觀察他人個性的能力，而且也發現一件蠻重要的事實，大多數的人都喜歡瞭解如何從外觀判斷別人的個性，也都想要知道這樣子的評論內容為何。但請特別注意，不要講得太實在，一般人都只想要聽好話，即使想要誠實表達，也請婉轉一些以免傷害到別人的自尊心。

2 第一印象很重要：誰會當選？

誰是 Kiki，我相信大多數的人都會選擇左邊刺刺的圖。沒有錯，左邊這張圖的答案就是 Kiki，某些形狀的圖看起來就與一些文字的發音相關。圖像的外觀會讓你有某一種感覺，這種感覺就像是第一印象，如果第一次見面穿著西裝，看起來很體面，會讓人感覺你是一位有地位有成就、努力向上的男性；但如果第一次穿著邋遢，則會讓人有負面的印象。第一印象所創造出來的框架影響相當深遠，未來要改過來可是很困難的。

2014 年的九合一選舉，我回到戶籍地投票，其中一張是選里長，因為欄位中只有號次、照片與姓名，如右圖。因為我沒有住在戶籍地，這可讓人傷神了，該選誰呢？當然可以不選，但這剛好可以測試「第一印象效應」，也就是說誰長得像里長我就選誰。

選人的時候完全沒有政黨傾向，純粹看誰長得像里長。我對里長的印象是年紀大一點，抱歉3號要剔除掉了，感覺要溫暖親切，1號的照片沒什麼笑容，抱歉也得剔除了，2號臉寬寬圓圓的，蛋型臉看起來比較穩重，一看就覺得像是里長，當時我選了2號。回家一查選舉公報，結果發現「現任」里長真的是2號。

我把這張里長候選人的圖片放在臉書上，想要看看是否只有我有這種能力，還是這種能力每個人都有。結果發現只有少數男性會選擇3號，我想應該是看在3號比較年輕吧！近年來辣妹選上的機率很高，問題可能出在很多人把選賢與能與選配偶這兩件事情搞混了。

回到這三個候選人。大多數的人還是選擇2號，與我選擇的結果相同。看來每個人應該都有一樣的能力，透過第一印象來選擇符合職位印象的候選人，要選里長就要長那個樣子，如果樣子不對，就會影響選票。包括哪些：

　⑴笑容要夠

　⑵長得親切

　⑶年紀要大一些

但是，選舉結果卻不太一樣，3號當選，這讓我有點沮喪，可是原因不清楚，雖然是我自己的選區，但我並沒有住在那個選區，也許是痛恨藍綠，也許是3號默默耕耘多年，2號擔任太久的里長，雖然長得像里長卻欠缺建樹，所以換人當選。反正，外觀只是一個首要的因素，但不是絕對的要素。

第一印象的重要性，可以應用在人生很多地方，像是找工作的第一印象也是關鍵。或許你會覺得應徵工作的時候，面試官考量的是你的學歷、經歷、專長，其他因素應該都屬於其次。但實際研究發現未必是如此，上面提到的這些項目，影響力未必有你想像的那麼重要。華盛頓大學的Chad Higgins與佛羅里達大學的Timothy Judge曾經針對此一議題進行研究，發現其實還有一股神祕力量左右著面試官[94]。

究竟是什麼神秘的力量？這可真是令人非常好奇。其實答案非常簡單，就是第一印象是否讓面試官看得順眼。如果順眼，面試時的表現只要不出大錯，基本上就會朝著正向解讀。個人認為可以搭配「框架效應」的概念，一樣的能力、條件、內容，只要被標記成為優秀，在面試官的眼中就是優秀；但如果是第一印象很差，那往後面試的表現就總是感覺很糟糕，很難翻身了。

---

[94] The Effect of Applicant Influence Tactics on Recruiter Perceptions of Fit and Hiring Recommendations: A Field Study，http://www.timothy-judge.com/Higgins-Judge%20IB-Recruiters%20JAP.pdf。國內也有許多其他相關研究，可以在「臺灣博碩士論文系統」搜尋 "NFLUENCE TACTICS"，在以「求職」為關鍵字縮減搜尋範圍。

第一印象有哪些？

乾淨清爽是基本，如果人長得帥、美，面試者與應徵者剛好又是異性，自然會有加成的效果。此外，談話有禮得宜、讓人感覺充滿熱情，臉上總是帶著親切的微笑，自然地讚美對方而且讓人覺得很真誠，這些都是好的第一印象，只要第一印象能討人喜歡，則工作經驗等其他項目也許就不太重要了[95]。

3 | 五歲，就學會了判斷

有一個實驗蠻有趣的，短短一頁的文章中描述了實驗的過程，而且還刊登在「科學」（Science）期刊上。研究人員找來一群小朋友，讓他們玩一個模擬船隻航行的電腦遊戲，由特洛伊市（Troy）出發到以色佳（Ithaca），當小孩子投入遊戲的情境並完成遊戲後，研究人員給小孩子們看兩張照片（如下頁圖），這兩張照片是競選國會議員的兩位候選人的臉孔，問題是請小朋友們想像：「如果你要從特洛伊市搭船到以色佳，你會選誰當你的船長？」[96]

---

[95] Richard Wiseman，《怪咖心理學2》，第54頁。

[96] Predicting Elections: Child's Play，http://www.uvm.edu/~pdodds/teaching/courses/2009-08UVM-300/docs/others/2009/antonakis2009a.pdf。

右邊照片中的人物在選舉中以71%的投票率勝出，兒童偏愛的候選人就是這一位，即便此研究再找成人來進行選擇，結果也差不多。換言之，五歲小孩子與成年人在評斷誰適合當領導人這件事情，能力其實差不了多少。

翻了一下相關類型的實驗還蠻多的，但這個實驗卻特別有趣，從此一實驗結果發現，人類從小就開始學習如何從外觀上的線索評價他人，而且只要五歲就可以發展到一定的程度。但換個角度來看，也感覺有點悲哀，因為不必知道這兩個人的實際政見如何，也許心中就已經有了判斷。所以，想要在政壇中勝出，你必須看起來就像是「那副樣子」[97]。

回到人際關係上面，你要如何獲得對方的青睞？外觀是第一要素，當別人看你一眼的時候，很多評價就已經出現了，不要認為你的才華洋溢，別人會有興趣慢慢地挖掘你的長處。很不幸地，人在一開始看到第一眼就開始評估，而且第一眼評估的重要性比例很高，如果一開始見面沒有讓對方有好的感覺，也許就沒有第二次了。

---

[97] Matthew Hertenstein，《以貌取人，再也不會看錯人》，第250-251頁。

4 腰臀比0.7以下就是美女？

　　腰圍與臀圍的比例蠻重要的，在台灣這種營養過剩的國家裡面，會喜歡腰圍與臀圍比例在0.75以下的女性。如果你不清楚自己是否有這個傾向，請看一下底下這張圖，左邊是「腰圍／臀圍＝0.7」，右邊則是「腰圍／臀圍＝0.9」，你比較喜歡左邊還是右邊的女性呢？

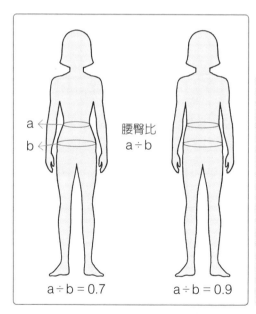

補充：
一家線上外科醫學機構為了調查世界各國喜歡哪一種女性身軀的外型，把一張只穿內衣物的女性照，寄給18國設計師，請他們修圖後寄回，結果發現各國對於環肥燕瘦的喜好，依國情而大不同[98]。

---

[98] How do perceptions of beauty vary across the globe?，
https://onlinedoctor.superdrug.com/perceptions-of-perfection/。

圖中2位女性的差別，在於左邊的女生腰圍比較小，腰臀圍比只有0.7。大多數的男生都回答喜歡左邊，包含我在內，這倒是讓我產生了疑惑，是什麼因素讓我選擇左邊這位女生？透過系統二的理性思考，我發現找不到理由，也就是說自己沒有任何理由，就直覺性地喜歡了腰臀圍比較小的女生，這時候我都會將這樣子的判斷過程歸類為系統一自行運作的選擇。

　　下一個問題來了，腰圍比較小的女生代表了什麼意義？

　　在演化過程經驗累積中，大腦認為太胖的女生為容易罹患疾病，所以腰臀圍比數字愈大就代表肥胖，也就代表容易罹患疾病，當然也就不適合傳宗接代。所以可以畫一個簡單的流程：

肥　胖 ➡ 身體較差 ➡ 不適合傳宗接代

　　至於這一個規則是生出來後才慢慢學的，還是天生下來就燒錄在我們大腦現存的程式中，目前不得而知，還需要找尋更多的資料來判斷。Matthew Hertenstein 在其《以貌取人，再也不會看錯人》一書中，列舉了15位公認的美女，腰臀比都在0.75以下，在西方世界似乎已經在大腦中建立了美女的腰圍比標準。其他像是胸部大代表哺育能力優，屁股翹代表更容易受孕。

　　至於我國呢？

　　找了幾位明星，能夠站上舞台的，通常也都很漂亮，如表格這六位知名的藝人，從網路上找到的資料，也都可以發現他們的腰臀比都在0.75以下，也與歐美國家同步。

影星姓名	腰圍	臀圍	腰臀比
林志玲	24	36	0.667
侯佩岑	25	34	0.735
郭書瑤	23	33	0.696
莫允雯	24	35	0.686
Melody	24	34	0.706
安心亞	25	36	0.694

《以上資料取自網路》

　　看起來答案也一樣，我國男性應該也喜歡腰臀比在0.75以下的女生。可能是因為臀部比較寬，一般人認為比較會生，自然生產的成功機率較高，當然現在人工剖腹的技術好很多，早就不靠自然生產，不過這一個觀點還是深植於民眾的觀念中。當然有一些研究顯示出腰圍比較小的，有可能生出來的小孩認知領域表現比較好[99]，也有認為臀部與大腿脂肪含有長鏈不飽和脂肪酸，胎兒可以藉此吸收作為大腦發育之用[100]。

　　無論如何，也許看到腰臀比低的女生，大腦產生的訊號並不是這個女生很漂亮，而是告訴自己「這位女生很健康，如果娶了這名女子，有利於生小孩繁衍後代，趕快追求她！」

---

[99] Waist-hip ratio and cognitive ability: is gluteofemoral fat a privileged store of neurodevelopmental resources?，http://www.cep.ucsb.edu/papers/whrlassekgaulin2008.pdf。

[100] Matthew Hertenstein，《以貌取人，再也不會看錯人》，第159頁。

5 | 女人為什麼愛化妝

英國的一位模特兒凱莉，竟然擁有18吋腰圍，簡直可以說是違反天意，讓人看起來頗不自然。不過她自己穿鋼骨繫帶塑身衣束腰7年打造而成的豐乳、超級細腰，在她自己看來可是很滿意，不過在一般人眼中恐怕就不是那麼舒服。類似這種想要把自己改變成卡通造型的素人，還真是不少，有人希望把自己改變成芭比娃娃，還有令人難以想像的凱蒂貓，天啊！結果都讓人下巴掉了下來。

所以鍛鍊身材，讓自己的腰圍比降到0.75以下；透過整形美容，讓自己的胸圍更大、屁股更翹；或者是透過化妝的方式，讓自己的氣色更好。舉個例子，許多女生喜歡戴上瞳孔放大片，讓自己的瞳孔看起來比較大，當然瞳孔比較大看起來確實蠻漂亮，正如同很多卡通都喜歡畫超大的瞳孔。但很多人並不清楚，瞳孔放大可是暗示著自己正進入發情期，像是猿猴類發情屁股會變紅的情況，都是一種發情的表徵。而男人看得懂這種瞳孔放大的訊號，散發著發情的誘惑，自然而然就會覺得這名女子比較漂亮。

但是整型化妝可不能過頭了。

　　還記得冬天到日本京都的清水寺，因為沒有夏天的酷熱，很多女孩子花上大約台幣2,000元租了一套和服，在清水寺附近閒晃，幻想自己是古代的日本人，不斷地拍照。那時候我很喜歡找這些和服美女們拍照，接近90%都願意跟我拍照，因為這些和服美女們難得穿這麼漂亮，一定很希望獲得肯定，如果有人願意找她們拍照，那就是一種肯定的意思；如果打扮了一天，沒有人來找自己拍照，那還真是尷尬。除了和服之外，還有少數女性會選擇裝扮成「藝妓」，我就不太會和她們拍照，因為妝化得太過頭，整張臉白白的，看起來實在有點可怕。

　　因此，人們可以很容易判斷出過度修飾的外表，這會造成選擇上的排斥效果。所以，化妝整型都可以，但千萬不能過度或不自然，否則就是不自然美女，在此特別講的是紋眉或者是一開始提到的爆乳瘦腰，感覺就不討人喜歡，甚至讓人感到不舒服。

6 值得參考的微表情

　　幾年前，看過「別對我說謊（Lie to me）」這個影集後，非常興奮地跑去把影片買了下來，還花了很多時間慢慢看每一段影片，我一直以為找到了比測謊機還強的東西，結果仔細閱讀了一些更深入的書籍，又發現有些研究認為準確度其實差不多。

很有趣的是我以影片與書籍中判斷微表情的方法，不斷地去看重大新聞事件中當事人講話的表情，還是可以累積出非常寶貴的經驗。像是林益世有沒有向廠商拿不該拿的錢，居然發現一件很有趣的表情，就是林益世在講「跟來訪陳先生所談都是工作上的困難，希望能不能幫忙解決」這一段話之前，看了左邊的律師賴素如一眼，與 Lie to me 影集常講的規則中，當事人瞄專業人士的時候，代表等下講話的內容不確定是否為真，還真的是蠻相符的。

　　微表情看似神奇，是否可以由訓練的方式來做出更正確的判斷呢？實務上有很多人被稱之為「真相巫師」（Truth Wizard），對於微表情的判斷相當準確，但即便有這種聳動的綽號，也無法做到百分之百準確。「真相巫師」是在實際實驗後對他們的稱呼，研究人員找了一萬五千多人，進行多次影片辨識測試，一般人判斷正確率大約五成，但真相巫師的正確率超過八成[101]。

---

[101] Matthew Hertenstein，《以貌取人，再也不會看錯人》，第 195-197 頁。

　　就有一位真相巫師，現在為美國各地執法機構訓練人才。他在一次檢測中，分析當事人是否說謊的39件個案中，有37件精準猜測到。但很不幸地，法律程序很難接受2件的誤判，在重視「寧可縱放一百，不可錯殺一人」的法庭程序中，尤其是刑事程序，這樣子低的誤判率還是會讓人猶豫。所以，這些說謊分析的技術在法律程序上的地位不高，如測謊般只能當作參考之用[102]。

　　但是在一些研究中，卻發現警察辨別敘述真偽的答對率才55%，相較於學生背景的54%並沒有比較好。年齡、經驗、教育程度和性別，對於偵測謊言的準確度，也沒有什麼明顯的提升效果[103]。

　　雖然從一些研究中，指出警察辨別敘述真偽的答對率看似沒有太高；但會不會是因為這些真偽狀況並不是警察常見的詐騙犯罪類型；換言之，研究中的問題既然不是他們的專業，表現當然也未必比較好。如果轉換成他們專業領域的真偽問題，就會有不同的表現[104]。

---

[102] 測謊鑑定如符合測謊基本要件，包含：鑑定人具備專業之知識技能，事先獲得受測者之同意，且所使用之測謊儀器、測試之問題與方法又具專業可靠性時，且受測人身心及意識狀態須正常等，即得採為審判之參佐。請參照最高法院103年度台上字第3808號刑事判決。

[103] 班・安柏瑞吉，《心理學家教你的透視術》，第63-64頁。

[104] Maureen O'Sullivan, Police Lie Detection Accuracy: The Effect of Lie Scenario.（本文可上網搜尋）

以前在偵辦詐欺犯罪時，當成詐欺案匯款帳戶的人頭即便是因為賺錢（一個人頭帳戶可以賣幾千或上萬），而在明知或可得而知帳戶會被拿來當作犯罪工具，為了脫罪，還是會謊稱因為朋友表示信用出問題來借帳戶，自己並不知道帳戶是被當詐欺犯罪之用。即便這些人頭如此辯稱，但因為說法都差不多，看過上百上千次同樣或類似說詞的警察、檢察官或法官，已經老練到光聽說詞就可以判斷真假了。所以，透過一定的經驗傳承，應該可以讓判斷說謊的能力成為一種教材，這一點也在一些研究中獲得證實[105]。

　　另外，也有研究指出，可以採用畫圖的方式，例如老公晚回家謊稱與國外客戶開會，老婆可以要求其畫出會議現場示意圖，並請其回想少畫了哪些重要人物。依據研究的結果發現，因為是假的，當事人很高的比例會畫自己熟悉的場所，但是國外客戶不在現場，所以示意圖中看不到國外客戶[106]。雖然這種方法看似有效，但想到老婆逼迫老公畫圖的場景，就覺得實際情況恐怕並不可行。

　　雖說如此，但是這些技術還是可以應用在日常生活中，成為自己或企業內部私下判斷事情的基礎。像是大陸有一個演講節目「我是演說家」，第一集中有一位演講技巧很好的孫思

---

[105] Julia Shaw, Catching liars: training mental health and legal professionals to detect high-stakes lies.（本文可上網搜尋）

[106] 班・安柏瑞吉，《心理學家教你的透視術》，第65頁。

奇，兩位導師劉嘉玲、張衛健選擇了她，依照節目的規定，兩位以上的導師按鈴選擇的演講者，就能從中選擇一位做為自己日後發展的導師。

選擇的畫面只有幾秒鐘，這位孫思奇有一個很微小的表情，在選擇前的一瞬間看了劉嘉玲一眼，這代表著什麼呢？當選擇她的導師都有很高的威望時，一位小小的後輩會擔心前輩生氣，所以會先看一下不想選擇的那一位。基於這樣子的想法，我抓住了這個微表情。果然，她最後說出一段婉轉的話，表示自己是太陽花，所以需要像是太陽的光頭來照耀她的人生，於是選擇了張衛健，而沒有選擇劉嘉玲。

這類型的節目，蠻適合大家一同來練習自己判斷微表情的能力。不要擔心沒有練習的對象，這個世界隨時都有取之不竭的分析標的。除了競賽型的節目外，很多政治人物、企業、影星發生重大事件時，只要好好地觀察，都會發現許多沒有公布的內幕。

<　結論與建議　>

◎ 透過本書所提供實驗發展出來的指標，進行評估人性的訓練。

◎ 第一印象非常重要，例如女性的腰臀比例數值小於0.75，會讓看到的男生覺得很健康、很會生，這些是潛意識的反應，並非有意識的認知。

◎ 化妝應力求自然，誇張的妝容違反他人大腦中的既有設定，會產生排斥的感覺。

◎ 透過微表情的練習，讓自己更能抓住別人的情緒變化。

14 選型交配

1 企業的名校光環？

我在念台北大學資管所的時候，有一位同學是資訊高手，對於這樣子的高手而言，來念碩士實在沒啥意義，於是私底下問了一下為何來進修？才知道因為公司內部規定，要有碩士學位才可以升主管職。看來這家公司的觀念還蠻傳統的，符合傳統社會觀念中「好成績、好學校、好工作」概念的延伸。

為何很多學生都希望唸好的學校，認為只有這樣子做才能找到好的工作？只是好學校就代表能力好嗎？「名校情結」的現象存在於每個企業中嗎？

這些問題我一直存放在腦中，有一天，在臉書塗鴉牆上寫下名校情結的一些問題，有人回應我說「名校情結是當然的，還需要問嗎？」看到臉友的回應，心中決定把這個問題求證一下，於是提出了一個假設：

> 假設：名校情結並非當然存在於每一間企業，只存在符合特定條件的企業。

在一般人的心目中，如果沒有台成清交背景的學歷，想要

進入知名企業恐怕難如登天。也曾經在某知名企業擔任人資主管的朋友形容說，每年收到的履歷那可是多如牛毛，一開始直接採行「學歷門檻法」，非台成清交的根本連看都不看，除非有特別關係，才會抽出來特別關照一下[107]。

此一現象一直困擾著我，因為台成清交我都沒有念過，如果要在社會上闖蕩，假設到處都是名校光環，非名校背景的我，恐怕會遭遇到很多挫折。我在考博士班的時候，由於只有私立中原大學的碩士學歷，在準備口試的過程中就被潑了不少冷水，好險報考了中正大學法律所，沒有名校情節，迄今也順利念完了博士。我的博士學位在中正大學完成，是否因為中正大學地處偏遠，讓這所公立的「中」字輩學校變成不是名校，既然不是名校也不在乎報考學生是否名校出身？同理推論，如果企業主並不是名校出身，是否就沒有這個問題？

首先，我想到的就是鴻海集團的郭台銘先生，中國海專畢業，翻了一下鴻海公司103年的年報，其12位主管中有3位海外碩士學士學歷的背景，還有1位中原大學碩士、1位政治大

學學士，以及財務主管是交通大學畢業外，其餘主管的學歷並無特殊性，分別是大同工學院、淡水商專、淡江大學、勤益工專、台灣工業技術學院等校學士畢業。至於員工整體碩博士比例為54.14%。應僅限總公司）

碩士以上	非名校比
2/12 （16.7%）	7/12 （58%）
非碩士 10/12 （83.3%）	勉強是名校 5/12 （42%）

（海外名校不論好壞，均列為名校比）

接著我上網問了一下網友，有哪些知名企業的老闆學歷不好，有人提出了正新（2105），我馬上上網看了一下該公司103年的年報，所提供的37位主管資料中，只有一位日本靜岡大學畢業的海外學人陳秀雄，博士有2位，分別是台灣區陳榮華總經理（名譽博士，董事）、許智明副總經理（清華大學博士，總經理之親戚），碩士有4位（一位是交通大學，一位是台灣大學），其餘則是大學專科畢業，而且這些大學畢業的主管沒有台成清交的背景[108]。員工整體碩博士比例為1.35%。

巨大公司（9921）劉金標先生，台中高工肄業。該公司

---

[108] 有些網友聽到我問的內容，很熱心地提醒我，鋼鐵業是完全不重視學歷的業別，甚至是反名校的業別，中鋼以外，其他所有上市上櫃之副總以上，大致都符合非名校情結。大部分傳產，只要負責人不是40歲以下的第二代，符合非名校情結者也非常多。

103年的年報，所提供的9位主管，執行長羅祥安是台大商學系（董事），副總裁劉湧昌是羅斯福企管碩士，一名協理是政大研究所（似乎尚未畢業），一名協理是加州大學企管碩士，其餘5位學歷都很平凡。員工整體碩博士比例為1.79%。

儒鴻公司（1476）的董事長洪鎮海是致理商專畢業，該公司103年的年報，所提供的21位主管資料中，1位海外博士、2位海外碩士，國內碩士有3位而且均非台成清交（1位肄業），其餘只有1位台大政治系外，均為一般學校。員工整體碩博士比例為1%。

上述所提的都是老闆學歷很普通，看不出來一級主管的學歷有名校情結。反之，如果老闆的學歷顯赫，是否有名校情結呢？第一個想到的當然是台積電董事長張忠謀，史丹佛大學電機博士畢業，其所帶領的台積電公司（2330），依據該公司103年的年報所提供的18位主管資料中，只有2位不是海外名校或台成清交的背景，1位是中原大學碩士，1位是彰化師範大學的學士。更誇張的一點，只有6位不是博士。員工整體碩博士比例為42.5%。

碩士以上	非名校比
16/18 （89%）	2/18 （11%）
非碩士 8/12 （75%）	勉強是名校 5/12 （42%）

（海外名校不論好壞，均列為名校比）

筆記型電腦起家的華碩公司（2357），董事長施崇棠是交通大學管研所畢業，該公司103年的年報的10位主要經理人資料中（包含施崇棠），只有1位是學士（台灣大學電機系），其餘均為國內外名校出品的碩博士。員工整體碩博士比例為58.35%。

再舉一個例子，聯發科（2454）董事長蔡明介是美國辛辛那提電機研究所碩士。該公司103年的年報，所提供的12位主管資料中，只有1位不具碩博士的外籍人士，擔任副總經理暨行銷長，其餘都是碩士以上的學位（11/12），博士更占3位。在學校方面，除了4位交通大學的背景外，以及2位台灣大學，其餘都是海外學人。員工整體碩博士比例為71.54%。

總之，企業有沒有名校光環？從上述企業的一級主管來看，大多是國內重要企業，可以初步推定，企業主如果是名校高學歷背景，其高階管理階層就會有比較高比例的名校或高學歷；反之，如果企業主是一般學校出生也非高學歷，其高階管理階層是名校與高學歷的比例就會降低[109]。所以，一般我們認為企業都只收「台成清交」的學生，主要的原因是「選型交配」，也就是龍配龍、鳳配鳳，但並不是每間企業都會發生。

---

[109] 本文所提的是高層主管的學歷，在企業規模與員工薪資關連性的研究中，Paul Oyer在其著作中提到：1993年的研究顯示，員工數超過1,000的企業與員工數介於100-500的企業相比，大公司裡一般薪水比小公司的員工多出11%。大公司的員工教育程度較好，也被作者認為是薪資差異的因素之一。參照Paul Oyer，《交友網站學到的10堂經濟學》，第185頁。

關於這種現象，可以給剛畢業的學生一些建議：

(1)如果你的學校非屬名校，除非很有自信或能力特強，不然還是在非屬名校的老闆底下工作，成功的機率會比較高。交往對象的父母如果是名校畢業，也要觀察一下有無名校情結。

(2)如果你想要報考名校研究所，而考試的主要依據是資料審查或口試等因素，也就是不是單憑筆試成績的學校，請記得一件事情，先打聽該校老師有沒有名校情結。

(3)如果你不是名校，卻硬闖擁有名校情結的企業主、學校老師，甚至於交往對象的父母，現場可能會面臨被眼神羞辱的機會，在心理上要先有所準備。

(4)研究資料顯示，隨著時間過去，教育背景在薪資方面的指標性會隨著時間而逐漸淡化，其他指標像是能力指標與薪資水準的關係卻會愈來愈緊密[110]。換言之，只要好好地表現自己的真本事，職場上學歷的統計性歧視所造成的傷害會逐漸降低。

---

[110] Joseph altonji 與 Charles pierret 於 2001 年所做的研究「Employer Learning and Statistical Discrimination」。Paul Oyer 所著的《交友網站學到的 10 堂經濟學》也有提到相關內容，第 126-127 頁。國內也有論文研究認為，公立大學、私立大學、公立技職校院及私立技職校院四種分流體制中，私立技職校院畢業後薪資偏低，但差異金額逐年縮小。請參照陳依婷，《大學畢業生初入勞動市場薪資差異之研究——一般大學與技職校院之比較》，國立臺北科技大學技術及職業教育研究所碩士，2012 年。

⑸無論是找人才、選配,如果真的有名校情結,就要特別注意一件事情。就是名校出身的頂尖人才可能早就被搶光了,那要選擇名校的「次」頂尖嗎?並不建議,因為此頂尖在眾多高手環繞之下,久了會喪失信心,表現反而未必會很好。乾脆選擇非名校的頂尖成員,因為依照學者的研究,非名校頂尖的CP值應該會比較高,而且長期上來說,「在盲人的世界中,獨眼龍也可以是國王」,非名校的頂尖成員整體表現反而會突出。比較白話的說法是,雞首會比牛肚強[111]。

但是我們還是要留下一個伏筆,因為上述整理的公司經理人資料,都是經營一段時間的企業,但是,大學氾濫與少子化效應卻是近幾年來才逐漸惡化的問題。因此當大學數量暴增,碩博士學位取得變成非常容易,單純用學歷高低或名校來區分應徵者的好壞,恐怕太簡化問題,況且還有不同產業等因素。換言之,單純的大學學歷將變成一個無效的雜訊,不足以區分優秀與不優秀的員工,以後進入企業的基本門檻說不定是「碩士」。

---

[111] A Empirical Guide to Hiring Assistant Professors in Economics,http://www.accessecon.com/pubs/VUECON/VUECON-13-00009.pdf,或參考 Malcolm Gladwell,《以小勝大》,第136-140頁。

2 社會階級流動性低的現實

美國聯邦準備理事會(Fed)主席葉倫(Janet Yellen)2014年10月17日於波士頓(Boston)一場演講中提出警告,「美國貧富差距逐漸拉大,號稱平等機會之地的美國正面臨危急關頭。」葉倫說:「根據統計,近來所得和財富不均的程度是20世紀大蕭條(Great Depression)以來,貧富差距最嚴重的時刻。」她以「蓋茲比曲線」(Great Gatsby Curve)描述,貧富差距的擴大、經濟的不平等,將使社會流動性變低[112]。

什麼是社會流動性變低?

對照前面所講的選型交配,有錢人只會想要與有錢人發展,窮人只能與窮人發展,愈來愈難擺脫貧窮,大部分國家的人民都難以在經濟的階梯上移動,一樣學歷的人與類似學歷的人結婚,一樣收入水平的人與差不多收入的人結婚,應召女幾乎不可能如同電影「麻雀變鳳凰」(Pretty Woman)一樣,攀上富人的枝頭而爬上不同階級的社會。

談到「蓋茲比曲線」(Great Gatsby Curve),源自於艾倫·克魯格(Alan Krueger)教授,他是著名的勞動經濟學家,也是白宮經濟顧問委員會主席。為什麼取名為「蓋茲比曲線」,就要想到電影「大亨小傳」,蓋茲比是個神秘富翁,沒人

---

[112] 莊崇暉,聯準會主席葉倫:美國貧富差距令人極度憂心,風傳媒。

知道他的身世，他內心十分孤獨，雖然活著的時候賓客盈門，身後的葬禮卻門可羅雀。蓋茲比出生於貧困家庭，全憑自身的努力而飛黃騰達，他努力不懈地追求「美國夢」，認為只要努力就會成功，但最後真的不過是一場夢。

艾倫‧克魯格於2012年初在有關收入不平等為主題一場演講中提到了蓋茲比曲線[113]：

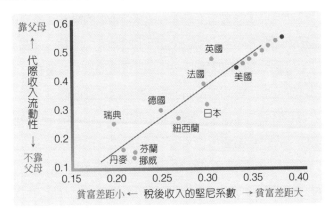

上圖中，Y軸量度為代際收入流動性（intergenerational income mobility），數字愈大，流動性愈低，即子女長大後的收入水平愈受其父母的收入水準所影響；X軸為稅後收入的堅尼系數，數字愈大，收入不平等愈嚴重。圖中每一點代表一個國家。回歸線上揚，顯示一國的經濟愈不平等，其代際收入流動性就愈低。

---

[113] Income Inequality and the U.S. Economy，http://www.c-span.org/video/?303662-1/income-inequality-us-economy。請參照趙耀華，〈99%背後的思想家〉，https://sites.google.com/site/sywchiu/home/economics/99。

克魯格在華府智庫發表的演講，引用Corak在前一年的結論，但只取用13國的數據，雖然引起極大的關注，但也引發正反論戰。為什麼會引發論戰？主要是因為克魯格的論點「貧富差距大的國家流動性偏低，而貧富差距小的國家則流動性偏高」，可以與歐巴馬總統的經濟社會政策相呼應，但也馬上引起小布希任內的經濟顧問反擊。

美國內部的論戰姑且不論，假設克魯格的論點「貧富差距大的國家流動性偏低，而貧富差距小的國家則流動性偏高」是存在的，那台灣的情況是否一樣？很可惜的是，台灣雖然有貧富差距的統計，但卻無法進行長期階級流動性的觀察。我們知道很多貧富移動的案例，像是陳定南先生、賴清德先生及陳水扁先生，都是家庭背景比較平常，甚至是三級貧戶出生，可以在政治領域上嶄露頭角，財富也較上一代有改善的情況。但這些都只是感覺且只有少數，並不是有真實數據為背景的社會階級流動。

從這些國際間的觀察，會發現有些國家窮者愈窮、富者愈富，可以推論這些國家的社會階級移動情況比較不明顯。無論真正趨勢如何，史丹佛大學商學院的經濟學教授Paul Oyer認為：「大部分國家的人民大都難以在經濟的階梯上移動，似乎是我們不斷與更類似的人湊成一對，情侶間的家庭背景及個人特質都越來越相似了。」[114]

---

[114] Paul Oyer，《交友網站學到的10堂經濟學》，第184頁。

3 教育可以改變什麼？

有人說教育可以改變階級不流動的現象，但也不過就是透過考試制度，利用智育的篩選重新編排人民可以獲得資源的方式。早期國中有所謂的能力分班——升學班與放牛班，到了高中有建中、北一女、台南一中、雄中等名校的排行，透過學業成績將不同能力的人分在不同等級。

大學更是從台成清交政，然後傳統私校與公立大學並列，接著次級私校、三流學校一路排序下來，教育主管機關又透過補助分配，以建立世界名校的目標為名，讓資源分配變成成績好的學生分配多，成績差的學生分配少的現象。現在高中追求頂尖高中，也是希望未來大學、研究所可以順利申請好的學校，獲得最豐富的資源來培養自己。

過去的考試是純智力，後來又以全方位的成績做為推甄大學的方式，似乎不再是以智育來進行階級排序。但如果德智體群美都要表現優異，很多家長會選擇將小孩子送去補習班受訓，有錢的家長比較有資源，下一代受到比較好的訓練，表現自然容易出頭，當然也可以推甄到好的學校。換言之，又回到家境資源豐富的小孩，比較有機會進入豐富資源的學校。

社會教育應該是解決不公平的方法之一。

因為出社會多年之後，學歷、證照不再是那麼重要，工作表現成為評估的重點，而工作表現良好加上有錢，就很容易進

入名校就讀，例如EMBA班，一年學雜費百來萬是正常，只要是企業頂尖的職位，想要進入名校的EMBA班就很容易，與你過去在學校的智育表現關係不大。

再加上近年來因為「少子化」的關係，連優質大學的研究所都招生不易，讓人們更容易進入好學校「洗學歷」。像是中央大學有很多的冷門研究所，報名人數都不足錄取人數，看起來是有報名就能考上，但有些系所為了不要讓錄取率變成100%，通常會刻意地少錄取一名，但這樣子做的意義實在不大，只是讓他人更看穿系所老師在想什麼而已。

所以少子化的趨勢，搭配上廣設大學系所的結果，過去無法唸一等學府的人，也有高度機會獲得優良的教育資源。所以這個年代的人，不管是下一代或者是已經步入社會多年的中生代，將有更多的機會獲得好的資源、取得名校的光環，而促進社會不同階層的流動性。

4 │ 嫁入豪門就是高攀？

談了那麼多的社會現象，再回到人際關係吧！所謂門當戶對、郎才女貌，是我們常常聽到的話。如果門不當、戶不對、郎不才、女不貌，就會出現一些高攀、下嫁等不好聽的詞彙，這在經濟學上就稱之為「選型交配」（positive assortative mating）或「選型配對」（positive assortative matching）。

　　除了電影「麻雀變鳳凰」（Pretty Woman）這一種極端的例子外，或者是像電影「麻雀變公主」（The Princess Diaries），一夜攀上枝頭，過著養尊處優的日子。在男女平等的世界中，男生也有所謂娶了富豪女，少奮鬥20年的說法。只是，這樣子的選擇對嗎？

　　這又讓我好奇了一下，想要以非豪門出身的知名女性嫁入豪門的狀況，以失敗離婚的比例，是否比一般平均值還高？但這又涉及到要找什麼等級的女星？像是林青霞最高等級的女星，還是以三流明星為主呢？

　　由於資料取得不易，國內也沒什麼這方面的研究，於是先設定在比較沒有錢的女星。回歸到一個基本的問題，有錢的企業家為何要娶沒有錢的女星呢？基本原因可以製作成下面這個簡單的表格：

類型	優勢	評分	總分
有錢企業家	有錢，可以給予另外一半物質上的滿足	50分	70分
	長相普通、禿頭、圓肚子、黑斑	20分	
沒有錢女星	沒有錢或普通資產	20分	70分
	身材好、有姿色	50分	

男性企業主找了美麗女星當終身的伴侶，雖然兩者在財力上並不具備相當性。雖然企業家在財力上取得50分的高分，但是外觀上卻沒有優勢，姑且給個20分，總分70分。

　　女明星則是相反，沒有錢或名下資產普普通通，給個20分，但身材好、有姿色，這方面可以得到50分。兩相比較，加起來也具有70分的水準。所以如果單從資產角度來看，恐怕女明星是無法與企業家相比較，但如果加上外觀因素，恐怕加起來的分數就未必輸給有錢的企業家。所以有人說女星嫁給企業家是「高攀」，這倒也未必，因為如果整體分數不是同一階層的人，是無法相互吸引。

　　女星既然也有70分，如果遇到的對象是Ａ：70分的企業家，以及Ｂ：沒有錢（20分）加普通帥（40分），總分60分。很明顯地，除非我們繼續加入其他因素，否則光就這資產與外觀這兩點來考量，企業家Ａ的整體分數較高，當然是女星明智的抉擇。（女明星很高比例的分數是靠外表，會隨著年齡而降低。）

　　只是，漂亮的女性很多，為何企業家特別喜歡女星，而不選擇普通背景的女生？就我個人的猜測，娶女星入門，可以滿足企業家權力的慾望，也就是世間上的男性都很想要螢光幕上的美豔女星，但只有有錢的企業家才較有機會和本事娶到女星。娶了女明星，不僅是得到了美嬌娘，更是一種權力的展現，就像是猩猩打鬥爭權後，會露出紅紅的屁股一樣對別人炫耀。

4 下嫁難道不好嗎？

　　如果是有錢的女企業家，選配方面會有什麼條件？是否會找門當戶對的企業家，還是跟有錢的企業家一樣，找些英俊的男明星？為了找出這個問題的答案，首先徵詢網友的意見後，看看大家心目中有名的女企業家有哪些，但後來發現大家印象中的有名女企業家實在太少了，只好擴張到名女人、頂尖女明星，從中挑幾個來Google一下她們的婚姻或感情狀況？

姓名	婚姻狀況	特殊說明
陳敏薰	離婚2次	曾與外資金童交往。
殷　琪	未婚	1994年與自己的保鑣交往，育有二女，未結婚。
王雪紅	已婚	
王效蘭	已婚	
小　S	已婚	
何麗玲	離婚2次	多次婚姻及與名人交往的紀錄。
唐雅君	離婚1次	
蔡依玲	未婚	男友是模特兒。
林志玲	未婚	
張惠妹	未婚	男友為調酒師。
藍心湄	未婚	
蔡英文	未婚	
呂秀蓮	未婚	
林青霞	已婚	香港富商邢李源

（依據網路公開資料，可能與實際清況有別）

這次主要不是觀察這些頂尖女性企業家、名人、演藝人員是靠什麼因素獲得成功，而是想要瞭解當他們很有錢或很有名氣（至少要有一定資產）時，她們的婚姻或人際關係是否順利？

如前表，在整理了一些資料之後，發現大多數的狀況並非理想，即使有些外型還不錯，但總是讓人覺得在感情路上很崎嶇。即使有些人已經結婚了，也面臨離婚問題；很高的比例是曾經有交往對象，但卻一直沒有修成正果。從是否有婚姻上來看，上述14人中，大約50%從網路資料上是沒有婚姻紀錄。

這讓我頗為納悶，上述顯示出來頂尖女性的婚姻感情狀況，與預期的「仙女生活」等級有所落差，當然有可能是樣本太少的原因，不過似乎狀況都不會太好，相對於成功男性企業家，似乎並不會這麼辛苦。

一名優秀的女生找一個條件看起來比較差的對象（所謂比較差，大概是講比較沒那麼有錢），如果更不幸地長得很帥，那就變成「下嫁」，男生也會被稱為「小白臉」，類似這種很難聽的社會評價，在強調男女平等的世界中並不公平，因為優秀的女性找的對象可能經濟比她弱勢，但卻很溫柔、長得高帥，或者是很有男子氣概，與有錢男人找女星情況並沒有太大的不同。請各位回想自己認識的女性高階主管，感情狀況如何？

朋友與其姊的私密對談……

姊：我以後長大要當女強人，像陳敏薰一樣，她是我的偶像，妳呢？

妹：如果人生真的可以自己選擇的話，我一點都不想當女強人，我希望是男人身邊持家溫柔的女人，讓老公不必擔心家庭，讓他無後顧之憂地認真打拚賺錢就好。就像是曾馨瑩，陪在郭董身邊，陪他聊聊天，聽他抱怨，在男人忙碌了一天後，利用女人的溫柔讓他身心都放鬆！

我問了一下這位朋友為何不想要當女強人的論點，答案也蠻簡單的，其表示：「上帝在創造男人女人除了身體構造不同，擔任的角色也不同！所以傳統社會對於兩性交往的觀念，強勢的男性配上弱勢的女性，譬如說99分配上98分是最完美的組合，這樣子才是正常的；如果是強勢的女性配上弱勢的男性，則變成不正常的狀況，衍生出來的形容詞就很難聽。」

思考了這些現象，我想到了一個圖來呈現男女擇偶現象：

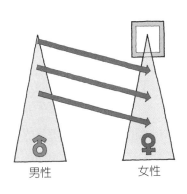

男性　　　　　女性

前頁圖中，男生在選型交配的過程，若不考量其他人格上的特性，會希望找個賺的錢比他少一點，當然姿色不能差一點，也就是說換算下來的分數不會超過他為宜，而評分下來又會與其差不多等級的伴侶。

反之，女生面對長相如果不是很頂尖，即便事業有成，也很難找到整體分數比她高的情況，除非這名女性長得真的不是很漂亮，但想必男性也會優先選擇賺得雖少但漂亮許多的女性，才有互補的作用，有錢的女性對其並無吸引力，在其心目中的分數是很低的。在這種傳統父權社會中，女性比男性優秀就會比較難找到對象，因為男性選配的第一重點在於美貌，一位成功的女性要找名伴侶還真是辛苦。

所以，我可以做出一個小小的結論：社會上成功的女性通常交友關係常面臨很大的困境，只要你自己認為是優質的好男人，沒有錢沒關係。只要想到保鑣、調酒師、小男模都名列其中，自己也沒有太差。別害怕，看上這些名女人就勇敢追求，機會一定比你想像中的大。因為她們是選型交配中比較孤單的一群，而且並不在乎你有沒有錢，只要你外表不錯，或者是溫柔體貼。

不過凡夫俗子也不需要找那麼頂尖的女性，可以找個全國知名度沒有那麼高，但外觀、學歷等條件非常優質，大多數人看了都會沒有自信接觸的對象。這些優質的女性對象，你要有個正確的想法，她們的可選擇性比你想像的還要少，如果加上他的交友圈很小，反而是更有機會交往成功的對象。

5 不選平凡男子的女王

女王，一位知名的兩性作家，選擇了比她年長6歲的男子Patrick，據傳是小開（女王否認），辦了場豪華婚禮。由於這些內容都與女王平常寫書教育讀者的內容有所矛盾，包括不婚主義、不嫁小開、不要有豪奢婚禮等（資料來源：網路），所以結婚大喜之日時，本來應該是書迷同聲慶賀，結果卻慘遭網友的無情批判，認為女王背叛了他們所深信的理念。

有人認為：「已經習慣過美食美酒又常常出國這種日子，平凡日子過不下去的，再加上隨著自己的經濟能力變好，平常聚會的夥伴等級也不差，好壞比較下，怎麼可能選平凡男子呢？」

如果女王不選擇比她優質或同等優質的男性，卻選擇了一位普通但外觀很有魅力的男性，恐怕女王也要擔心這個小男生有何目的？畢竟有魅力、年輕，看起來會生的女人，才是全世界男性追求的目標。有時候同學娶了小他10歲的女孩子，就會被虧說是禽獸，但只見男同學們眼中透露出羨慕的眼神，似乎希望自己就是那隻野獸。所以一位有魅力的小男生會看上比他年長的女性，在這個社會上屬於異常，必須瞭解異常的原因，是否覬覦對方的錢財，是否有戀母情結，還是有其他不為人知的秘密。

因此，娶了比自己年長的女性是反常的，Matthew Hertenstein 在其著作《以貌取人，再也不會看錯人》中，問了讀者一個問題：「你能想出三對名人夫妻，其中妻子身家富裕但相貌平平，丈夫年輕英俊卻無啥資產？我想不行，至少也得苦思許久吧！」不過，我倒是馬上想到了一位，鄭少秋，也就是主演「楚留香」而風靡台灣的演員。他在 1985 年再婚娶了沈殿霞。對於這樁婚姻，從小看楚留香長大的我，當時可是非常納悶。到底是為了什麼才娶了沈殿霞？翻了一下相關的報導，原來兩人自 1970 年代初期即在電台認識，沈殿霞介紹他拍電影，在事業上幫助了他很多，經歷了 10 年的同居生活後，兩人才結婚。還有像是張惠妹，與首席調酒師的戀情也是讓我很驚訝，兩人相差 10 歲；還有蔡依林與小她 4 歲的男模錦榮往來，都屬於少數的特例，與男性偏愛比較年輕女性的進化觀點相異[115]。

回到一開始的話題，女王選擇了一位大她一點的男性，傳聞資力也不錯的 Patrick，符合傳統男人喜歡偏愛比較年輕的女人，賺錢能力上不超過男性或低於男性，只能說是兩人的關係算是正常。換言之，女王平常寫書的主張反而是異常，不符合人性的狀況，但即便不符合人性並不代表錯誤，只能說是不符合演化發展結果的人性罷了。

---

[115] Matthew Hertenstein，《以貌取人，再也不會看錯人》，第 153 頁。

6 | 爲何美女配醜男？

我曾經在網路上問很多朋友下面這個問題：

Q：你覺得為什麼很多美女的男
　　友都不是帥哥？

剔除掉一些有錢男人、娶外籍
新娘等特殊情況，把狀況鎖定在校
園好了，為何很多美女旁邊的男人
都是醜男，當然也未必是醜男，但為了寫文章方便，不是與美
女同等級的帥哥，在此就暫時稱之為醜男[116]。

有些人的回答是說因為女生重視內在，外表只是一層臭皮
囊⋯⋯

這樣子的回答與我的想法有點落差，正常情況下，人都會
先看外表。因為有良好的外表，也代表較適合繁衍品質優良的
後代，所以大腦會告訴我們，請優先選擇這幾位中外表比較好
的人，例如你會選擇一個五官端正、身材高壯，而不是有點歪
曲的人，即使歪曲的人心地善良到不行。但如果是可以挑的選
擇不多，也就是可以挑的選擇性不高，那當然就只好退而求其
次，直接看內在因素了。

另外有一位朋友的回答很有趣：「帥哥應付倒貼都來不及
了，哪有心思對美女死纏爛打。」這一段回答符合演化的兩種

---

[116] 醜男，這個形容並不是很好，比較合適的講法是「奇貌不揚」，但為了形容
方便，本文還是以醜男稱之。

意義：

(1)人類是懶惰的動物，會選擇比較好達成目的之方式，選擇配偶也是一樣，先求有再求好。帥哥，可選擇的對象相當多，甚至於是倒貼的，雖然等級未必是最高的，但先求堪用即可，沒時間去追求難追的美女。

(2)美女身邊繞著許多蒼蠅，但蒼蠅看久了也是會順眼的（請參照電影「美女與野獸」），而且在女人眼中，蒼蠅比較沒有能力拈花惹草。從法國電影「我的極品前男友」裡其中一幕女主角在PUB要求男主角上台演奏鋼琴，卻吸引了全場女性的目光，當時女主角眼中這些圍上來的女子突然都脫光了，這代表著有了帥哥男友會有強烈的不安感，還是醜醜的蒼蠅安全，這就是「尋找安全的窩」的觀念。

或許是美女與帥哥交配的機率不高，所以在演化的演進過程中，不會產生像是中東國家皇族下一代愈來愈完美的現象，讓這個社會帥哥美女或醜男醜女的比例處於正常和諧的狀況，而不會愈來愈極端化，這未嘗不是好事。

7 醜男勝出的關鍵

先講一段聖經的故事，非利士人招集他們的部隊，要與受到掃羅王統治的以色列人對戰，雙方在山谷的兩側山地分別紮營對峙許久。非利士的陣營中走出來一位身材魁武的戰士，名

叫歌利亞，身高至少200公分，頭戴銅盔、身穿鎧甲、腿上有銅護膝、兩肩之中背負銅戟，有一個拿盾牌的人走在他前面。

歌利亞對著以色列的軍隊叫戰，大聲說：「你們出來擺列隊伍做什麼？我不是非利士人嗎？你們不是掃羅的僕人嗎？你們之中揀選一人來跟我對戰吧！他若能將我殺死，我們就做你們的僕人；我若勝了他，將他殺死，你們就做我們的僕人、服侍我們。」這是當時戰爭常見的陣前叫戰的方式，為了避免死傷慘烈，所以各推派一位頂尖高手出來對戰，但是以色列的部隊看到歌利亞高大壯碩，哪有人敢出來，擔心被歌利亞一戳就戳死了。

此時，有一位弱小的牧羊人大衛自行請纓上陣，掃羅王認為兩人實力懸殊，原本採取反對的態度，但在大衛堅定必勝的語氣中，說：「我為父親放羊，有時來了獅子，有時來了熊，從群中銜一隻羊羔去，我就追趕牠、擊打牠，將羊羔從牠口中救出來。牠起來要害我，我就揪著牠的鬍子，將牠打死。你僕人曾打死獅子和熊，這未受割禮的非利士人向永生神的軍隊罵陣，也必像獅子和熊一般。」掃羅王這才同意讓他與歌利亞對戰，並把自己的戰衣給大衛穿上，將銅盔給他戴上，又給他穿上鎧甲。大衛試穿了一下，覺得非常不舒服，於是摘下了掃羅王的賜予。手中只拿著杖，又在溪中挑選了五塊光滑石子，放在袋裡，就是牧人帶的囊裡。手中拿著甩石的機弦，就去迎戰歌利亞。

歌利亞漸漸地迎著大衛來，拿盾牌的走在前頭。歌利亞見了瘦弱的大衛，大聲地喝斥：「你拿杖到我這裡來，我豈是狗呢？」接著又對大衛說：「來吧！我將你的肉給空中的飛鳥、田野的走獸吃。」兩人對罵了一下，歌利亞擺出準備迎戰大衛的攻勢，大衛因沒有笨重的盔甲在身，非常靈活地快速移動，徒手從囊中掏出一塊石子來，以機弦甩去，打中歌利亞的額，石子進入額內。歌利亞應聲仆倒、面伏於地，沒有刀的大衛出乎眾人意料地勝了這一場戰局。

　　很多時候，兇猛強壯的巨人並非堅不可催；很多情況下，兇猛強壯反而是弱點，這也是後世將「大衛與歌利亞」比擬為不太可能發生的勝利，但這個故事真的是不太可能發生的勝利嗎？

　　首先，以機弦甩去的投石器，威力有如今日的手槍，只要夠準，打到巨人的弱點，就能讓其迅速倒下。所以當歌利亞採取單挑戰術時，瘦弱的大衛使用投擲術來應對，正如同剪刀、布、石頭環環相剋，在古代投擲兵是步兵的死敵，步兵可以克制騎兵，騎兵則能夠打敗投擲兵。換言之，大衛就是投擲兵，他與歌利亞的單挑，不採取剪刀與剪刀的硬碰硬方式，而是屬於剪刀與布的對決[117]。

　　我們認為的優勢，未必真的是優勢。有時候我們以為有助益的條件，到最後可能反而是羈絆；相反地，我們以為毫無助益的事情，反而使我們在競爭條件上占了上風。美醜也是一

---

[117] Malcolm Gladwell，《以小勝大》，第 44-48 頁。

樣，第一印象很重要，也就是說一般人會先看外表長相，看順眼了才去看內在，這樣子對醜男醜女似乎很不利，連進入門檻的條件都沒有了，有再好的內在有何幫助。

但實際上也未必這麼悲觀，以追求美女為例，一位醜男看到競爭者有帥哥就自慚形穢，覺得根本不可行而放棄。殊不知超級帥哥被身旁的普通女子圍繞，根本沒時間去也不太想去追求超級美女，而次級帥哥也跟醜男一樣的想法，美女太美了一定很多人追，況且其附近也有一些女子圍繞，也懶得去追求較艱困的美女。

外型的優勢，反而可能變成是競爭上的阻礙。

醜男勝出的關鍵

男性　　　　　　　　女性

超級帥哥　　超級美女

普通男子　　普通女子

勝出 醜男　　　醜女

追求美女真的很困難嗎？

不要用悲觀的思考方式，至少剛剛的推論結果，我們可以參考前頁的表格，看起來美女似乎不是那麼多人在追求，因為如果女性多於男性的環境中，男性通常會成為寶，在這種環境的超級美女通常比較孤寂，這也是醜男的大好機會。反之，如果不是醜男而是醜女，要找的環境當然就是男性較多的環境，一定有更多優質的選擇可供參考，像是工科的學校比文科還要好。

但是問題來了，既然人的外觀很重要，超級美女又怎麼會看上醜男呢？

如前所述，外觀雖然是大多數人喜歡看的，但其他因素也是很重要的，尤其是對於超級美女而言，在女性多於男性的環境中，選擇性不多，外觀的這個因素只好被迫忽略。當然，有時候並不是被迫忽略，而是醜男所顯現出來的優點，已經超脫出外觀的俗氣。有一次聽到朋友討論徐帆選擇了外型不帥的馮小剛，因為馮小剛有很多令人動心的地方。從他拍攝的電影中，就可以知道他是一位極度細膩、充滿感染力的人，而這深深觸動了徐帆的情感。是什麼特點吸引了徐帆？徐帆的回答中，最讓人印象深刻的是「他領養了我的靈魂」。

在外表優先的這個野蠻世界裡，醜男醜女請樂觀面對，如同日劇「101次求婚」一樣，內在優勢還是有機會讓別人看見。

〈結論與建議〉

◎ 交往對象的父母若出自於名校，可能會有名校情節。

◎ 教育背景與薪資間的關聯性，會隨著時間而淡化。

◎ 人們會與階級類似的人相互交流。

◎ 少子化的趨勢，讓人們有機會進入好學校。

◎ 頂尖女性在目前社會中比較難找到合適的伴侶，這也讓醜男有了絕佳的機會。

15 男人看身材，女人看錢財

1 很不上相可以當女主角嗎？

由琥碧・戈柏主演的「修女也瘋狂」是一部女主角不是那麼上相的電影，但這部影片歸納為喜劇，喜劇中的男女主角通常喜感比外觀還要重要。我問了許多周遭的朋友，扣除掉喜劇、宗教片等特殊類型的電影外，有沒有女主角是屬於「不上相」的電影，說「不上相」是有點含蓄，應該說是看了會有點看不下去的醜。很多朋友支吾其詞、想了又想，還真的想不太出來。於是我努力蒐集了許多意見，選出比較接近醜男醜女的一些影片，整理分類如下：

類型	電影或電視劇
女美男帥	太多了，不列舉
女美男醜	101次求婚 帥哥西裝 → 由醜男（女）變身的帥哥（美女）
女醜男帥	醜女大翻身 → 醜女整形
女醜男醜	瘦身男女（但男女主角原本都是帥哥美女） 情人眼裡出西施（形式上的女主角還是美的）

整理前頁表格後，發現很有趣的現象，男生醜沒關係，只要女生漂亮，電影還是很好看；但不能選拍女主角很醜的電影。或許各位會認為這個論點與表格矛盾，因為醜女大翻身、瘦身男女、情人眼裡出西施，女主角都是醜的。

其實不然，上述三部電影，醜女大翻身，女主角跑去整形，結果變成大美女，所以應該定位為美女電影；瘦身男女，男女主角本來都是很有魅力的帥哥美女，只是因應劇情化妝成醜男醜女；情人眼裡出西施，這部片很有趣，劇情描述男主角霍爾一向以外貌來評斷女性美不美，但是在一次意外的催眠過程中，令他只能夠看到人的內在美，就在這個時候，蘿絲瑪麗，一名年輕的胖女孩出現在他的眼前，她的善良和幽默風趣在被催眠的霍爾眼中是一名美女，所以會有右圖的驚喜劇情轉變出現。

然而被朋友解除催眠後，霍爾卻認不出蘿絲瑪麗，讓內心美麗的她傷心不已。所以整部劇情中的女生，還是以美女的形式出現，不能歸類為醜女的電影。經過上述說明，再將表格重新整理後，我們發現整個表格的內容改變了，參考如右：

類型	電影或電視劇
女美男帥	太多了，不列舉 瘦身男女（但男女主角都是帥哥美女） 醜女大翻身→醜女整形
女美男醜	101次求婚 帥哥西裝→由醜男（女）變身的帥哥（美女） 情人眼裡出西施（形式上的女主角還是美的）
女醜男帥	無
女醜男醜	無

所以，「男生醜沒關係，只要女生漂亮，電影還是很好看；但不能選拍女主角很醜的電影」，這樣子的論點應該是成立。當然我也不排除有例外，但例外一定是極為少數的現象，有可能是藝術片。或許這也可以解釋男性是以播種為前提，下半身思考的動物，所以會先以外觀來判斷；女性則會看男性是否可以共同建立穩定的窩，太帥的外表未必會加分。

2 金錢買不到的社會交換關係

親情是一種「社會交換」，當談到了錢，就是一種「市場交換」，這兩個名詞聽起來有點難懂，可以想像成朋友關係與僱傭關係。當人際關係變成是市場交換時，要從市場交換返回社會交換，難度是很高的。這種現象現實生活常常出現，像是請朋友幫個小忙，例如搬家時幫忙搬一些珍貴的小東西，完事

後給他一個雖然不值錢但是感覺很溫暖的小禮物，他很高興，甚至於不給小禮物，只是口頭上的感謝，他也很高興。

但如果跟他談錢，表示幫忙搬這個東西給你新台幣100元，那這位朋友就有些生氣了。因為兩人的關係已經從社會交換轉變為市場交換，從行為經濟學的研究觀察，這兩者很難同時並存。Dan Ariely教授提出這樣子的看法：人們願意免費幫忙，也願意拿合理的工資幫忙；但若提供的酬勞太過微薄，他們會拒絕幫忙。送人禮物，哪怕是很小的禮物，也能打動他們伸出援手[118]。這時候，「禮物」代表的不是金錢，而是一種超脫出金錢的感謝，高尚的人際關係一轉念可能就變成銅臭味的市場交換，正如同Dan Ariely教授所說的：當你提到禮物的成本，可能你話還沒有說完，他們就已經轉身離開。

男女交往關係也是一樣，小資男女交往，想要和另外一半過個生日或佳節，預算不夠，如果只有500元預算，那還不如買個禮物。因為禮物不但具有500元的價值，更重要的是合宜的禮物會創造更深層的心理價值。例如你到日本旅遊時，買下對方最想要的金閣寺紀念徽章，不只是價值500元，更代表了你很在乎對方的想法。

> 紀念徽章＝500元＋在乎對方的想法
> 500元現金＝500元

---

[118] Dan Ariely，《誰說人是理性的》，第114-115頁。

「寧願在 Audi 上哭泣，也不願再 Toyota 上放空！」這是網路上流行的名句。形容向錢看的社會，女孩子也以金錢來打量著另外一半，甚至於現在連男孩子也是用錢來打量著女孩子了。從小資男孩的角度，沒有名車的小資男孩，要怎麼在有錢人的環伺下贏得美人的芳心？沒有錢代表很難創造出「市場交換」的價值，但只要有心，就可以創造出更多無價的「社會交換」，讓另一半甘願跟你過著金錢物質貧乏的生活，因為你能夠創造許多溫暖人心的價值感。

「貧賤夫妻百事哀」，當夫妻之間開始為了柴米油鹽醬醋茶的問題吵鬧不休，「社會交換」幾乎已經消逝無存，每天都要思考現實人生問題，麵包愛情的抉擇不再是難題，麵包絕對擺在第一位，為了錢財而吵架，將會一直吵下去。

有時候，一方賺的錢比另一半還要少的時候，更是最好不要提起金錢的觀念，「苦一點沒關係」、「有你就好」，多講講這些會溫暖對方心頭的話，不要凡事計較金錢，像是過個生日什麼的，也跟隔壁鄰居比生日蛋糕的價格，說什麼「隔壁老王買給老婆的蛋糕 1,500 元，為什麼你買的才值 600 元？！」當很多抽象價值的東西都標了價格，從社會規範轉移到市場規範，那將是把兩人一切的溫情攤在陽光下秤斤論兩的開始。

3 可以用金錢當禮物嗎？

有些蠻有趣的實驗顯示，送禮者往往無法準確預測到收禮者真正想要的禮物，而容易選到不適宜的禮物[119]。而且送禮者通常會以為收禮者喜歡收到禮物，但如果有收到與禮物同等值現金的機會，實際上收禮者想要收到現金的比例較高[120]。舉個例子來說，當你送個小紅包給長輩，他們通常都會很務實地開心微笑，但如果是送禮物的話，可能就不是那麼開心了，因為年紀大的人比較務實，收到現金會比較高興。

看起來這個實驗似乎與前面的論點相互矛盾，實際上並非如此。前面建議人與人之間如果有金錢介入，相互幫忙關係會變成金錢僱傭關係，人與人之間的關係開始用金錢價值來計算。但人與人之間很難一直保持著純粹的「社會交換」關係，「市場交換」是必然遇到的狀況。

只是遇到送禮的機會時，收禮者通常不好意思開口說「可否直接兌現？」雖然這是很多人的心聲，但直接要求現金會感覺如同乞丐的行為，也不太禮貌。所以送禮者通常對待一般朋友不會以現金當作禮物，但如果與收禮者的關係很親密，像是父母，過年的時候最好包紅包，給現金絕對是一個很好的選擇。當然，送給另外一半現金當作禮物，也是不錯的選擇，當

---

[119] Francesca Gino，《為什麼我們的決定常出錯？》，第100頁。

[120] Give them what they want: The benefits of explicitness in gift exchange，http://francescagino.com/pdfs/gino_flynn_jesp_2011.pdf。

然也可以學電影「華爾街之狼」的劇情，送一台遊艇給美麗的配偶。

如果你的另一半以你的名義捐贈一筆錢給公益團體，這樣子會讓另一半高興嗎？很多人認為伴侶會喜歡對社會有貢獻的禮物，但在哈佛大學教授Francesca Gino與杜克大學、南加州大學等校教授所做的研究，卻發現另外一半並不喜歡這類型的禮物，經過實際訪談受測者的結果，發現收到這種禮物時會覺得另外一半漠不關心、毫無愛意、不重視這段關係；但如果是子女送的，那可就不一樣，會表現出非常高興，因為這代表著教育子女是非常成功[121]。前面有提到如果送一些現金給父母是不錯的選擇，但如果與捐款給公益團體相比，恐怕後者會優於前者。不過，若是有適度的分配，像是過年的時候，孝敬父母7萬元，並且以自己與父母名義共同捐款3萬元，並且獲得公開的讚揚，相信父母臉上的微笑會更完美。

4 蠟燭難題

很多企業都希望用重金打造優秀的人才，但是砸錢下去，是否就會產生高效益？ Dan Pink在TED的演說中，針對工作動機的謎團，認為傳統的獎勵並非如我們所想的奏效[122]。

---

[121] Francesca Gino，《為什麼我們的決定常出錯？》，第102頁。
[122] 叫人意想不到的激勵科學（TED中英文字幕）：http://youtu.be/rFVhkIrVDzM。

其中提到了Karl Dunker於1945年所提出的「蠟燭難題」
（Candle Problem），請參照圖①：

這張圖片的問題是，先假想一
下，你正坐在一個房間裡面進行一
個小小的實驗，桌上放了火柴、蠟
燭、圖釘的小盒子。研究人員表
示，請你將蠟燭固定在牆壁上，點
燃，然後蠟燭不會滴蠟油到桌上？

許多人會試著用圖釘把蠟燭釘在牆上，也有人會嘗試將蠟
燭的蠟塗在牆上，固定好蠟燭，但發現都無法解決問題。其實
這個研究的答案很簡單，請看一下圖②：

很簡單吧！只要用圖釘把盒子
先釘在牆壁上，接著把蠟燭放在盒
子中點燃，問題就解決了。當然重
點是圖釘可以釘入牆壁內，如果是
水泥的牆壁，恐怕也比較難完成這
個任務。

後來又有衍生性的實驗，由Glucksberg主持，實驗分成
兩組，對參與人員表示本實驗室要找出誰能夠最快想出「蠟燭
難題」的解答。其中，對於另外一組則說，你們的成績會做成
平均數，來量度解決這個問題所需要時間的標準；對於第二組
則提供獎勵，最快解決難題的四分之一，可以得到5美元，最

快的一位，可以得到20美元。

哪一組會比較快呢？看起來有獎勵的應該會比較快，因為有錢當作驅動思考的動力，但答案卻是相反，有獎勵的那一組平均慢了三分半鐘才想出答案。這個實驗告訴了我們，對於有「創意」的問題，給了獎勵反而會有反效果。

讓我們把實驗稍微改變一下……條件變成圖③

這時候第二組有獎勵的反而大獲全勝，速度快很多。差別在哪裡呢？因為圖③中的盒子，不再只是裝圖釘的工具，它變成一個單一選項，所以很容易找出答案。對於這種顯而易見的答案，獎勵就有大大的效用。

蠟燭問題是一個很有趣的思維，第一個啟示是人們總是很難突破現有的思維，而在自己畫的圈圈中走不出來；第二個啟示則是人們總是認為只要重金懸賞必有勇夫，但實際上重金花下去，未必能有預期的效果，尤其是需要創意的工作，恐怕未必能有好的成果。

人際關係，有如一種創意的工作，是相當複雜的，許多時候並不是只要砸了錢，就能讓人與人的關係緊密聯繫在一起。如同親子關係一樣，很多家長忙著工作，忽視了子女的教育，為了彌補親子關係的愧疚感，父母對於子女的零用錢很大方，

結果大筆金錢花了下去，反而不是一個正面的結果。男女關係也是一樣，如果只剩下了錢，但卻沒了陪伴、溫情的問候，再多的錢也鞏固不起來穩定的關係。

5 遺產與親情

有一位朋友半夜與我談了一些家庭問題，一開始部分子女不孝順父母，只想要分遺產，導致照顧生病父母責任的不公平分配狀況，接著又發生了爭遺產的事件，讓現在已經往生的父母在生前很為難，實在讓人不勝唏噓。

當然這些爭產的狀況也不是窮人的專利，王永慶先生往生後，因為各房子女對於應分配的財產有意見，引發一場世紀法庭攻防戰，比鄉土劇還要讓人目不暇給。親情本來就是一種社會交換，當談到遺產時的市場交換，整個就變調了。

如果要讓下一代不為爭產煩惱，像是王永慶下一代的紛紛擾擾，上一代就要有智慧，除了分配有據、預先規劃之外，還要曉以大義，隨時強調「折筷子」的故事，不斷地讓下一代瞭解親情皇帝大的理念，才不會在離開人世之後，因為金錢的市場交換機制，影響到親情至上的社會交換關係。

男女之間的關係也是一樣，財產要不要大方地給另一半統籌管理？還是像郭台銘一樣，為了避免社會上的無情批判，認為曾馨瑩是為了錢才嫁到郭台銘，於是兩人向法院辦理分別財

產制，夫妻兩人各管各的。以我個人認為，最好一開始就分開管裡，這可能必須要跳脫出社會交換理論的考量，畢竟現在的離婚率高，夫妻關係是否能長久維持都是未知數，為了避免離婚後財產很難分配公平，所以對於雙薪家庭而言，就依據收入比例分擔家計，購買的財產也事先約定好負擔與分配比例。換言之，也就是採行市場交換機制，比較符合高離婚率的發展現況，避免未來離婚時扯不清楚。

財產中，房地產算是比較難處理的部分，許多離婚夫妻都卡在房地產上而無法順利離婚，建議確定要離婚的夫妻雙方可以約定下列條款：

> 甲房地產（址設××市××區××路○○號），由妻持有，夫每月負擔30%貸款費用，若因離婚或其他因素而有分割之必要，得賣出後，將扣除相關費用後之剩餘款項，30%由夫取得；或由妻依據市場價格九成的30%由夫取得，或由雙方協議以其他方式辦理。

錢財的處理也是需要智慧，多學一些法律知識，透過法律規範基本的男女關係，好聚好散，說不定離開之後還是好朋友。尤其是離婚之後，如果能維持良好的關係，對於下一代的教育將有極大的幫助。看在孩子的份上，理性地處理兩人之間的感情問題吧！

6 | 無國界醫生的榮耀

我父親是老兵，一直以來，他以參加過國共戰爭而感到光榮。時常會提起那一段槍林彈雨的歲月，次數多到我都快倒背如流。一想到這是父親的榮耀，即使為國家幾乎奉獻了大半生命，沒有獲得太多金錢的回饋，但這段經歷可是人生最值得回憶的一段日子。身為兒子的我，可要好好乖乖地聽，一遍又一遍也是一樣，千萬不能因為聽太多次而說出負面的話，那可是大不孝啊！

類似的情境，我們也可以在美國九一一攻擊事件中那些為了拯救雙子星大樓中的受害者而犧牲的消防隊員與警察身上看到，很多感人的影片流傳在Youtube中，為後人所不斷地歌頌。

警察、消防隊員和軍人不會為了些許的薪水而赴死，真正驅使他們願意犧牲生命的是對於職業與工作的榮譽感，也就是前面所說的社會交換。因此該如何培養這些工作者的榮譽感，就成為一種很重要的訓練重點，像是口號、徽章、局歌、英挺的制服、民眾讚揚，都可以讓這些職業者產生榮譽感，不必談錢，一樣願意慷慨赴義。

2014年台北市長選舉時，連勝文針對伊波拉病毒入侵提出策略，其中一點是前線人員設置「危險加給」，我好奇的是「危險加給」是為了要鼓勵醫療人員有動機去救助感染伊波拉病毒的人，還是為了感念前線人員的奉獻？

有一位無國界醫生組織的女醫生Silje Lehne，為了救助感染伊波拉病毒的病患前往非洲行醫而染病，經過專機空運返國救助，最後治癒回家。而她在公開記者會中仍希望繼續回到非洲替當地染病人員服務，情操讓人敬佩。這位挪威女醫生完全沒有領任何薪水，但卻願意前往苦難的非常地區援助，顯然這位醫生精神層面上著重於講究人格情操的「社會規範」；如果涉及到了金錢給付就會進入到了「市場規範」，反而會讓醫生考慮是否要犧牲自己的生命來處理伊波拉病毒的危機。

總之，我們最好不要把面對伊波拉入侵的問題，過度強調金錢的議題，而應該要灌輸當事人使命感與榮譽感，如同軍人願意犧牲生命捍衛家園，才能夠讓無給職的醫生，更願意站在第一線解決伊波拉病毒的入侵。

人與人之間的關係也是一樣，男人不會為了付錢換取性愛的妓女而犧牲生命，但卻會為了保護家人而犧牲生命，這兩者的價值並不相同。隨時展露出會為了家庭或社會而付出一切的精神，你將會獲得家庭與社會一樣的回報。

〈結論與建議〉

◎ 一涉及到錢，朋友之間的關係就會由社會交換變成了市場交換；但是，人與人之間很難維持純粹的社會關係。

◎ 當別人誠心地幫助你，你卻不斷強調會送禮物回饋對方，甚至於提到禮物的成本，可能還沒有說完話，對方已經轉身離開。

◎ 男女、親子關係，並不是花了大錢，就能讓雙方的關係變好。需要有創意的工作，也不是老闆花大錢，就能讓員工的表現變好。

16 男的要播種，女的要個窩

1 男人的當下理論

有一次在研究消費行為學的「當下理論」，也就是消費只注重當下的快樂，往往會忘記未來的負擔，所以很多信用卡都會鼓勵消費者進行分期付款，假設一個包包6萬元，分成12期，每期只要5,000元。當下感覺便宜許多，也可以促進消費者買更多的包包。

這個「當下理論」也可以應用於男女關係。當男人看到很美麗的女人又主動示好，就只看到當下的利益，卻忘記未來的風險，或者是說眼前的利益太誘惑人，而故意忽略了未來的風險，正如同九把刀所說的：「我就是冒了險、犯了錯。」我個人的看法是這樣子，女孩子不必太漂亮，也不必太有魅力，當她說「來吧！」男人的褲子就不小心掉下來了。阿基師上摩鐵事件，蠻符合這樣子的論點。

或許有人會說，從經濟學上來看人不是理性的動物嗎？為何隨隨便便都可以舉出許多不理性的狀態？經過多年對於經濟學的體會，或許這重點並不在於人到底是理性，還是不理性生物的論辯；我認為人當然是理性的，只是大腦容易被干擾，而

無法做出正確的判斷。

所以九把刀的大腦計算出來的偷情結果效益是負的，但卻因為只看到當下，故意忽略掉了未來的風險，如果未來風險沒發生，那就是正的，而非計算基礎算錯，所以變成正的，最後才會做出錯誤的決定。又很像是保險，省了保險費，當保險事故沒有發生，就少了支出，但如果發生了，那就虧損很大。

所以當下理論只是男生應該面對的問題，把這個理論當作是男生的專利並不公平，絕對不是男性專有的問題，女性應該也要面對一樣的問題，只是女性的問題沒有男性那麼完整。怎麼說呢？

回歸到演化的過程，男性要到處播種，為了提高繁殖率，理論上女人要愈多愈好；而女性收到了種，就要找個安全的地方孕育，這是女性專注的問題，因此女性偏愛有能力供應後代資源的男性，常見的要素是有錢、成功的形象。有學者如是形容，女人擇偶時腦袋清楚，男人擇偶時廣播種子[123]。

為了要讓男性願意播種，所以在性行為上強烈地誘惑著男性而難以抗拒。換言之，當一位女性很漂亮，又願意跟你一同相約到摩鐵，所呈現出來的分數就飆高到難以控制，再加上當下理論的影響，導致無法將正確的分數計算出來，或者是說只看到當下所呈現出來的分數，而做出違背世俗規範的行為。

---

[123] Matthew Hertenstein，《以貌取人，再也不會看錯人》，第151頁。

　　似乎這樣子的行為結果，違反從經濟學上的理性自利的基本假設，但也許也沒有違反，正如同杜克大學行為經濟學大師 Dan Ariely 所寫的《誰說人是理性的》，有可能只是大腦的演化跟不上人世間的變化，所以一個本應該是理性的計算結果，在這個世俗規範中就變成不是理性的。

2 女性集體攻擊意識

　　接著要談的是女性會產生群體攻擊意識，有時候看到一些電視節目談男人外遇的議題，只見一群女星恨得牙癢癢的，一直罵這個男的真的是犯賤、垃圾等。

　　讓我比較好奇的是，是什麼原因讓這群女星恨得牙癢癢的？是為了節目效果嗎？似乎又不是，因為連我身邊許多朋友只要遇到花心的男人，一樣都恨得牙癢癢的，好像是只有男人會變心，女人都不會變心一樣。

　　可是這樣子的想法，與我過去的經驗值似乎有所衝突。還記得以前當兵的經驗，10個當兵的人，9個女友會跑掉，外島當兵的比例更高，少數受不了的男生舉槍就把自己腦袋轟掉、或是成為逃兵。早期當兵打電話還要排隊，好不容易排到也只能講短短幾分鐘，聲聲呼喚對於女友的思念，第一天、第二天、第五天（剛開始不是每天都能夠打電話），每次結尾總會問你愛我嗎？

堅定的答案從電話那頭傳來，愛。

但是過了一個月、兩個月，恐怕不到三個月，只見聲音傳來了冷淡的感覺，愛的那個字總是如海浪般波動，似乎不再那麼堅定。直到有一天，女友說出：「我……要跟你分手……」

聽到了這句話，很難能抑制自己的激動，但還來不及問為什麼？後頭的老兵已經聲聲催換人打電話，無奈的菜鳥只好掛上電話等明天再問。終於電話又通了，追問之下才知道，已經有第三者的介入，當男人在為國家奮鬥之際，女人在安穩的台灣居然就這樣子接納了第三者……類似的故事總是不斷地在軍營中上演，營輔導長成為最重要的安撫軍心人士，但仍舊有許多走不出情關的阿兵哥在站衛兵的時候舉槍自盡了。深夜中的槍響，劃破了天空，也在我們的腦海中留下了一個又一個悲悽的故事。

回到演化的結果來討論女性背棄男友的現象，因為女性需要一個溫暖的環境，男性的呵護就是創造溫暖環境的重要因子。試想看看，一個遠在外島、偶爾才能打電話關心的男友，碰到了日夜噓寒問暖高富帥的男子，變心的機率也難怪那麼高。我們可以嘗試以右圖來描述男女關係，X軸是分開的時間，當分開的時間達到一定的程度，女性會愈來愈思念另一半，但當分開的時間太長，女性開始覺得兩人的關係愈來愈難維持，需求降低而決定分手[124]：

---

[124] Willim Nicolson，《把妹經濟學家》，第46-48頁。

以男女感情演變為例

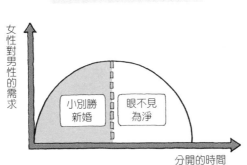

男人花心，這是一個事實；女人會變心，這也是一個事實。（女性還有年齡老去的時間問題）

既然在我記憶中，女性也不遑多讓，變心的速度相當快，那為何在電視上會出現一群女性義憤填膺地大聲批判，這又引發我高度的好奇心。目前猜想的原因是，女性會進行集體批判，是否也可以透過演化理論來探究，也就是競爭性的問題。當女人找到一個穩定的窩，比較擔心的是有人來破壞了這個窩的穩定性，因為女性可以透過社會團結的方式批判建立女性想要有的社會規範。換言之，如果男性會被鎖住在一個窩裡面，讓女性不必搶來搶去，提升窩的安全性與穩定性。九把刀、阿基師，我們看到社會上主流責難的，幾乎都是以女性為主，數字遠遠大於男性的批判，似乎也驗證出這一個見解。

3 男人也來湊一腳批判的原因

九把刀事件中，我在其粉絲頁上看到許多人無情、大聲辱罵，而且很多都是男性，比例也不小，難道「男的要播種」這種非屬專情的描述，也會有許多例外的狀況嗎？很多男性也會批判的原因到底是什麼？

男性，從演化生物學的角度來看當然是播種，如果女性則需要的是安全性與穩定性。在此論點下，男性跳出來聲援九把刀，就代表自己將失去很多播種的機會，因為有了九把刀，你不會成為女性想要找尋的對象，排序會在九把刀後面。有一位主播如是說：「批判，才能吸引女性，證明他是好物。」我看九把刀的臉書上罵九把刀的男生超級多，有一定的比例是言行合一，不會做出其所責難的行為，但個人懷疑應該沒那麼多自我控制力強的人吧！

當然也可以提到「酸葡萄效應」，連勝文選台北市長的時候，個人觀察許多網友會很酸地說：「為什麼連勝文長這樣子還可以擁有美嬌娘，一定是他有錢，妻子蔡依珊只是愛錢，而

目還有加拿大國籍，根本就不愛台灣。」這就是所謂的酸葡萄理論，當吃不到葡萄的時候，就要說吃的人很爛，被吃的葡萄也很爛，這樣子就可以安撫自己吃不到的心靈。所以當自己無法與九把刀上摩鐵的美麗女記者交往時，罵個兩句也可以當作酸葡萄效應。

這種酸葡萄效應存在於每個人的心中，是一種減緩自己痛苦的方式。當每個人設定目標之後就要往目標前進，如果怠惰了，身體會產生各種化學物質來促使自己往目前前進。當目標無法達成時，為了減緩痛苦，就必須改變想法，打擊原本目標的完美性，讓身體認為這不是目標而不再釋放化學物質，身心靈也就不會持續出現不舒服的症狀。

但在網路上責難九把刀之類的當事人，真的會吸引到女性的眼光嗎？這並沒有實證，下次應該找些網友來實地測試看看，做出這樣女性眼中的「正義」行為，是否能有效地達到吸引異性的目的。具體的做法像是在當事人的官網批評回應，來吸引陌生的異性青睞；另外，也可以在自己的臉書上，正式寫文批判，看看是否有機會吸引到已認識的異性青睞。

4 老到一定程度，就有經驗了！

「你變心了嗎？」

很多人想回答「是」，但摸著自己的良心，這段感情的熱戀期雖然過了，但是食之無味、棄之可惜，要直接說「我們分

手吧！」看著對方淚眼汪汪的樣子又說不出口，但想著無盡的未來，感情生活像是死亡時的心電圖，連一點起伏都沒有，總是希望嚐嚐新的戀情。

外遇，可能是一種社會正常現象。

有一次，受邀到南港婦女會演講，經驗蠻奇妙的，本來以為婦女會的成員大概是 40 至 50 歲之間，主題是電腦犯罪，應該大家還可以聽懂一些。可是一到會場，當大家陸續就坐，才發現底下聽眾都是 70 歲以上的阿公阿嬤。天啊！這要如何講授電腦網路的主題，更慘的是，邀請單位希望我全程台語演講！！為了讓演講順暢，台語「牟練鄧」（台語不順暢）的我，只好操著歪七扭八的台語，開始介紹電腦網路的犯罪態樣。

「夠威阿公阿嬤打ㄍㄟˋ後」（各位阿公阿嬤大家好）

「挖析×××，今天就歡喜來ㄍㄡˋ家，嘎夠威ㄍㄨㄥˋ電腦ㄟˋ代誌」（我是×××，今天很高興來到這裡，與大家談論電腦的事情）

大概是台語講得太爛了，所以過了 10 分鐘，有一位阿公在台下說：「沒關係啦！你說國語我們也聽得懂。」

當時可真是鬆了一口氣，轉念之間，決定不講電腦網路的議題，改談一些大家常見的法律。第一個想到的是誹謗罪，可以談一談外遇這個議題。於是先從一個問題開頭，不知道各位有沒有印象我講過，提到男人外遇時，老婆到處張貼罵人廣告

是否觸犯誹謗罪？

　　過去問這個問題的經驗是大多數的人都替女生抱不平，認為這種事實一定要讓街頭巷尾知悉，好好地教訓這名男生。但眼前這群平均70歲以上的阿公阿嬤，居然異口同聲地說「不行」。這可是打破過去演講多年的慣例，如果是年輕一點的聽眾，很高的比例都會認為可以，因為這是「事實」，為何不能說？今天碰到的反應可真是讓我納悶。於是，我問了一下阿公阿嬤：「你們是我問過答案正確比例最高的，為什麼這麼厲害？」

　　答案也很特殊，「溫攏度丟貴。」（台語，我們都有遇過）

　　原來人活到一定的程度，會慢慢地體會到情慾的需求是很實際的議題。人類在地球上生存的過程中，固然有許多道德上的束縛，但還是敵不過情慾的吸引力，隨著年齡的增長，不論是否發生在自己身上，周遭的人總是會遇到類似的情況。在法律規定為刑法的誹謗罪，即使是事實，但跟公共利益無關，就不能亂說；必須具備事實且與公共利益有關係才可以講出來。所以通姦、爬牆等事件，在目前實務上的見解是私德，與公共利益無關，當然不行，會成立誹謗罪。

　　如果外遇這是一個很普遍發生的現象，但是大家卻以高道德標準處理這個問題，是否真的能解決問題？這個看起來是高道德的表現，從學理上似乎又是集體交互護衛地盤的私利行動，確實是很值得研究的人類行為，至於是否可以把通姦罪除

罪化改為單純的民事事件，在台灣社會中已經討論許久、爭議不斷，也值得我們繼續觀察。

每次演講的時候，遇到年紀比較長的聽講者，對於我的論點大都是點頭如搗蒜，如果再找這些老一輩的人進行深入討論，老一輩的人總是比較能夠侃侃而談，也都承認這就是人性。因此，如果把男性老是愛搞外遇這件事情單純從道德層面強壓制，認為這些男人不正常，恐怕出發點就是錯的。我跟學員分享的觀點是「若不承認男人存在的天性（可以稱之為弱點），永遠不可能將問題解決。」

5 婚姻高牆效應

我曾經碰過一個女生，人長得很漂亮，但碰到一個讓人很困擾的官司。這種訴訟虐待的過程讓平靜的生活變得很痛苦，但老公卻未能適時地幫助她，連幫忙給點意見或請個律師都沒有，讓這位女生很寒心。如果女人覺得這個男人不能提供穩定、安全的窩，那背棄這個男人的機會就會大大增加。

類似的情況對於身為法律人的我常常遇到，一個讓人感覺很孤單無助的女性透過朋友，或透過寫信、臉書私訊來諮詢，有些問題的難度會讓我很訝異，我覺得怎麼會由女性出面解決，由於類似的情況太多，有時候懷疑是否與男生愛面子有關係，不知道怎麼處理就乾脆不處理。所以，我在大學上法律課

程的時候，總是會勸男生要好好學，學來的法律知識做為保護另一半的武器，否則出了訴訟上的爭議，卻讓另外一半單獨處理，很可能會被認為是不溫暖的窩，而讓另外一半有跑掉的理由。

女性會出軌的原因非常多種，但有一種情況是我覺得蠻特殊的，尤其是會發生在女性準備結婚之前，也就是說已經快要結婚時。傳統的束縛讓女性感受到不再有機會認識其他優質的男生，如果是自己的條件不會太差，只是一直都沒有機會遇到好的對象，很容易就會選擇出軌。

這是「婚姻高牆效應」。也成為電影素材，像是由茱莉亞羅勃茲主演的電影「落跑新娘」。劇中艾克（李察吉爾飾演）是一位紐約時報的專欄記者，因為經歷過破裂的婚姻，因此對女人有點感冒而顯得尖酸刻薄，更慘的是，他的頂頭上司就是他的前妻。有一次，在酒吧聽說馬里蘭州的一個鄉下地方，有個年輕的女人瑪琪（茱莉亞羅勃茲飾演），曾經有三次在和準新郎共進教堂前因為婚姻恐懼症而逃婚的紀錄。這立刻引起艾克的興趣，決定將這個話題寫成專欄，並加以冷嘲熱諷一番。報導一出，讓瑪琪又再度逃婚，並且決定以其人之道還治其人之身，對艾克展開報復行動。最後的故事發展，當然就纏繞在兩人的戀情上。

經過詳細分析，發現這些女子的對象普通，也許是不滿意自己僅能找到這樣子的對象，所以希望能夠在結婚前做出最後

一擊，這一個想法會導致「婚姻高牆效應」，外在的誘惑遠遠大於婚姻穩定的吸引力，導致無法控制外在的誘惑而產生出軌的狀況。

人性的複雜總是成為出軌的理由，有時候沒什麼對或錯，這就是人性。

6 分手的原賦效應

擁有，是一種負擔。你是否有這種感覺，不斷地買入各種生活用品、衣服，家中雜物愈堆愈多，過年前要清理，每件東西拿起來都想到美好的過去，每樣物品似乎都還有其寶貴的用途，不斷地考慮，到最後沒丟幾件。尤其是小孩子更明顯，你要求小朋友把不要的玩具丟掉，即使這個玩具已經沒有再玩了，他幾乎都會想到過去好玩的美景，以及未來還可以如何玩的樣子，而再度拒絕你將玩具丟掉的要求。這就是卡尼曼教授所提出的「原賦效應」，當我們擁有某樣東西的時候，我們會開始比其他人更重視這樣的東西，出售的價格會遠高於買入的價格。

《誰說人是理性的》一書中，作者Dan Ariely教授在杜克大學進行一項門票實驗，希望能驗證卡尼曼的「原賦效應」一樣也會出現在學生搶買籃球賽門票的情況，經過複雜的抽籤程序後，一部分的人抽到，一部分的人沒有抽到，然後立即分成

兩派人馬，形成一種情緒鴻溝，抽到的人想像球賽現場精采賽事的學生，沒抽到的人想像用門票錢可以進行其他消費的學生。

結果，兩派人馬果然產生了經驗的鴻溝，賣出者覺得自己抽到的門票有完美的球賽經驗，如果要賣掉，希望平均售價大約2,400美元；反之，沒有抽到門票的人出價則僅有170美元。

2,400美元與170美元，這兩者也差距太多了，落差高達約14倍。沒抽到的那一組受測者，他們想到買門票要花170美元，但卻可能損失許多上酒吧、吃大餐的機會，頂多願意花上170美元，2,400美元根本就是要了他們的命[125]。

Dan Ariely 教授對此認為人們會熱愛自己已經擁有的東西，只是他在書中所舉的例子都是商品。而「原賦效應」是否會發生在男女交往上？想分手卻捨不得分手，是否跟這個效應有關？

兩性交往所引發的社會情殺事件，很多起因於一方要分手，另外一方卻不願意，這也讓分手成為一門很重要的學問。有人說一定要當面談，可是面對瘋子的時候，簡訊或傳LINE也許是比較安全的選擇。

兩性之間的獨占性更高，想到另外一半正與他人在床上翻雲覆雨，這種感覺還真是差，但這種很差的感覺只有發生在分

---

[125] Dan Ariely，《誰說人是理性的》，第172頁。

手一開始，隨著時間就會沖淡一切。這與物理的靜摩擦力與動摩擦力蠻類似的，一開始要推動一個物體，產生的靜摩擦力較大，需要比較用力；但是當物體開始移動時，阻力就變小，稱之為動摩擦力。有一句鼓勵人的話叫做「頭過，身就過」，如果自己覺得情關難過，分手很痛苦，不能把痛苦的過程當作考驗，就趕緊追求新的目標，轉移注意力才可以避免感情上的原賦效應停留過久。

7 七年之癢是男生專利？

男女交往剛開始時熱情如火，但時間久了，即使對方貌美如仙，一樣會淡如水，1955 年由瑪麗蓮夢露主演的電影「七年之癢」（The Seven Year Itch），最有名的劇情是站在地鐵出風口，被一列駛過的列車將裙子吹起，讓劇中已婚的男主角迷昏了頭。

為什麼是7年？有學者認為經過7年的婚姻，通常可以讓2個小孩子順利成長，最危險的嬰兒期業已度過，所以終於可以分離追求下一個目標[126]，這是一個從演化的角度所提出的論點。起初看到這一個見解，第一個想法就是我國離婚率蠻高的，從統計資料顯示，每年離婚的人數，與每年結婚人數相比較，大約在35%左右。

---

[126] Dario Maestripieri，《人類還在玩猿猴把戲？》，第 190 頁。

接著又想到離婚年齡與結婚年齡是否可以看出七年之癢的感覺？是否有此一數據？很可惜，我國相關統計資料不是那麼完備，並沒有直接針對平均婚姻維繫時間進行統計，僅能就現有的數據推敲。首先我在統計資訊網中找到2013年台灣地區結婚與離婚的年齡，接著用簡單的數學公式推算出結婚與離婚的平均年齡，發現男生結婚年齡平均約為33.4歲，離婚則為42.1歲，相差大約8.7年；女生結婚年齡平均約為30.5歲，離婚則為37.4歲，相差大約6.9年，看起來七年之癢似乎發生在女生身上[127]。（如下表）

	結婚年齡	離婚年齡	相差
男生	33.4歲	42.1歲	8.7年
女生	30.5歲	37.4歲	6.9年

我把這個結果分享給一些網友參考，並且推論女人比較符合七年之癢的論點。有些人反應這樣子的說法是有問題的，因為七年之癢並不代表會離婚，所以女生大約七年會離婚的平均數，也未必就代表七年之癢。這樣子的反對見解也是正確的，因為客觀的數據很難顯現出當事人主觀上的想法。

有實驗就以訪談的方式，希望能顯現出當事人對於感情的變化。美國猶他州楊百翰大學調查出生於1957到1964年的

---

[127] 請參考中華民國統計資訊網，http://www.stat.gov.tw/ct.asp?xItem=15409 &CtNode=3622&mp=4。

2,000位婦女，詢問她們結婚35年以上或超過的這段時間，各個時期的感受如何。研究是以訪談的方式進行，她們指出自己的婚姻生活到第10年最不快樂。學者們研究認為，這個時間點恰巧與女性照顧小孩子，和做家事的雙重壓力下有關，可能另一半又在衝刺事業，所以就會產生對婚姻的不滿[128]。這一項研究似乎也無法直接推導出一定期間後會因為生理上需求而有追求新歡的結論，頂多說明經過10年後，婚姻關係會因為一些客觀上如工作壓力而產生心理上的不滿。

假設這個男生從來沒有癢過，女生也許會視之為好伴侶，但反過來想，會不會是這個男生不正常？不生小孩是否會比較快或是容易癢呢？這些都是一些延伸性的好問題，但或許還比不上思考該如何維繫關係重要。像是本書有提到很多的方法，凝視對方、一起嘗試新的事物、參加一些會讓心跳加速的活動、常常碰觸對方等，都可以有效地維繫雙方的關係。

---

[128] 七年之癢？十年最癢！，http://www.chinatimes.com/realtimenews/2014 1208000891-260408。

〈 結 論 與 建 議 〉

◎ 若從「男人要播種、女人要個窩」的角度來推演，會發現
　很多難解的人際關係問題都搞懂了。

◎ 女性對於男人外遇的排斥，有可能是為了合作迫使男人願
　意提供穩定的窩，而其他男人落井下石的責難行為，則可
　能是想要藉機彰顯自己才是真正能提供穩定的窩的人。

◎ 當男女分開的時間愈長，會讓男人成為不穩定的窩，容易
　讓女人變心尋找更穩定的窩。

◎ 年輕人認為背叛外遇是一種罪惡，但老年人卻因為常見到
　這種情況，而認為是一種事實。

◎ 當遇到重大事故發生，男性不願意挺身而出，而讓女方到
　處尋求協助，就好像是讓女生遇到更好的窩一樣，會讓女
　生對現有的一半感到不滿。

◎ 男女之間分手後，若覺得很痛苦，應趕緊追求新的目標，
　轉移注意力，以避免原賦效應所造成的痛苦。

17 找出共通點

1 紅心芭樂與情人果

有一次與一群朋友去陽明山辦活動，活動將近尾聲的時候，逛著竹子湖周圍的商家。其中有一家是賣水果的，老闆娘不知是外籍新娘還是外籍勞工，帶著有點腔調的口音，很熱情地招呼著我們，因為水果蠻新鮮好吃的，所以決定買一些。

一袋一百，我買了兩袋，這時候我突然興起了一個念頭，跟著前面的女成員買一樣的東西，紅心芭樂加情人果各一袋，一個不經意地模仿舉動，不知道她會有什麼感覺？是否會因為購買東西一樣，讓對方產生認同感？

哈佛大學Francesca Gino曾經做了一個有關於作弊的實驗，研究團隊找了卡內基美隆大學的學生來進行測驗，寫完後自己計分，把考試卷碎掉，此一「碎紙機組」通常會虛報答對的題數，以賺取更高額的獎金，通常會比對照組高出50%的答對成績。

假設另一種類似的實驗中，加上了臥底受測者大衛，大衛在實驗開始後1分鐘就大聲宣布寫完了，並且大聲說每題都寫對這種一聽就知道的謊話，然後把信封裡的錢都拿走，接著實

驗人員讓他離開。當大衛離開後，主要是讓真正的受測者知道作弊不會被抓。但有些受測者看到的是大衛穿著普通的灰色T恤，讓受測者以為是同一所學校，稱之為「同類人組」；另外一些受測者看到的是大衛穿著匹茲堡學校的校服，這所學校與卡內基美隆大學是競爭激烈的學校，也就是與受測者是不同類型的人，稱之為「異類人組」。

結果，「同類人組」作弊程度較高，甚至於高達15題（前面的對照組只有7題）；「異類人組」作弊程度較低，只有8題。實驗結果顯示，社會連結不僅會影響我們的感受，更會左右我們的行為[129]。這一類型的實驗超級多，在此整理成表格如右[130]：

[129] Francesca Gino，《爲什麼我們的決定常出錯？》，第114-116頁。
[130] Kevin Hogan，《優雅的影響力》，第32-36頁。

狀況	受測項目	機率
相處在一起或有無交談	與實驗人員一起待在實驗室（其中一人為實驗人員），出了實驗室，該名隱藏實驗人員拿出一疊資料，詢問受測者是否願意閱讀8頁文章並填寫意見。	是否願意幫忙： ● 與受測者坐在一起，或者是進一步交談：48.7% ● 若是受測者單獨一人在實驗室：26.3%
與受測者特徵是否相符的數量，總共20個特徵	告知受測者隔壁有1名受測者（隱藏實驗人員）的特徵與其相符合的程度，然後該名隱藏實驗人員過來找受測者，拿出一疊資料，詢問受測者是否願意閱讀8頁文章並填寫意見。	是否願意幫忙： ● 3個特徵相符：43.3% ● 10個特徵相符：60% ● 17個特徵相符：76.7%
相同生日	是否願意幫忙特定任務	是否願意幫忙： ● 得知相同生日：62.2% ● 得知不同生日：34.2%
指紋類型是否相同	是否願意幫忙特定任務	是否願意幫忙： ● 相同的常見類型指紋：54.8% ● 相同的特殊稀有指紋：82.1%

從這些學術研究的成果來看，只要在溝通之前，能找到彼此之間的共通點，就可以創造出一種接納感。我想從演化生物學的角度來看，人們為了抵禦外辱，會跟立場一致的人共同合作，打擊異族的入侵。

這種同族的信任與生俱來，從家人、親戚、鄰居、同學、工作夥伴，即便是身體、生日或指紋類型等共同點，都一樣可以建立出一種信任感，減少抗拒的排斥力，人際關係的建立就水到渠成。

讓我們想像一下很多人喜歡練習打高爾夫球，然後相約組成球隊，很多公事、事業就在球場上輕鬆談成，這是因為有共同的喜好──打高爾夫球。當然，可能自己根本就不喜歡，完全是為了拓展業務才會打高爾夫球，但無論是創造的或者是與生俱來的，共同點是一個人際關係的基礎。

2 情人裝與對戒

情侶喜歡穿情侶裝，或者是找尋相同的飾品穿戴在身上，這代表的意思就是與我同類、相同團體，彼此之間可以創造出一種看不見的卻實質存在的連結。以對戒的意義來說，演化至今，每一隻手指所戴的戒指都有不同的意義，像是右手中指戴戒指是名花有主、小指戴戒指是防小人，左耳單耳穿耳洞戴耳環是代表同性戀。從演化心理學或演化生物學的角度來看，蠻

荒時代必須要找同種同族
的人一起抵抗外辱，通常
相同族群的人特徵會較相
同，反過來想，特徵度相
同就代表是接近的族群，
人是群聚的動物，所以會
讓人有特別的親切感。

嗨！老兄
聽歌去吧！

克雷蒙大學（Claremont Graduate University）的心理
學家安德魯・洛曼（Andrew Lohmann）研究團隊找了一百
多對情侶，進行「勾選房裡共同物件」測驗，結果發現打勾數
愈多，情侶的感情更親密健康[131]。下次可以打探一下朋友身上
的物件來源，像是脖子上的項鍊、手上的戒指，不太搭調的衣
服，或者是隨身很特殊的小物件，看看是否有很多來自於異性
伴侶，可以藉此判斷對方與異性伴侶的感情狀況。

有時候女性也愛「不小心」放一些物品在異性的房間、車
內，像是梳子、衣物等，個人覺得這種行為與動物透過氣味做
為劃定領域的方式是一樣的。所以女生放一些私人物品在另一
半的車內，就是告訴其他上車的人要注意，這輛車的車主已經
名草有主，閒雜人等請不要起邪念。

---

[131] Andrew Lohmann, Close relationships and placemaking: Do objects in a
couple's home reflect couplehood?, 2003. 並可參考Richard Wiseman，《怪
咖心理學2》，第211頁。

回到相同特徵的問題，從國中、高中的學生來觀察，同儕團體的壓力就更形明顯，很容易結合成小團體，服裝也可能會設計出共同的校服，連幫派都喜歡穿黑色，這些都是為了創造共同的表徵，以凝聚向心力。出了校門踏入社會之後，依舊會結黨營私，公司內部容易有小團體，甚至於跳槽都是群體行為。國父11次革命才成功推翻滿清政府，每次革命左大臂上總是綁著一致的布條，不但有識別的功能，更代表著有綁布條的都是同一團體，目標都是要推翻滿清的人民鬥士，有了共通的感覺，大家心連在一起，更願意為彼此的共同目標奮鬥。

　　因此，當你想要與朋友建立共通的心靈渠道，可以先找看看彼此之間有沒有類似的狀況，像是可以練習看看這樣子的說話方式：

❖「我們都有啤酒肚，一定都是交際咖。」

❖「想不到你跟我一樣，也是少見的大耳垂，聽說這樣子的人有福氣。」

❖「你也在戴牙套，我戴牙套好痛，你會嗎？」

3 共通點檢測練習

　　很多人聽到我姓「錢」都會問我跟錢復是否有親戚關係，或者是問我祖籍在哪裡，這些都是透過共通點來分析。同樣地，在與朋友聊天的過程中，可以找出彼此的共通點，藉此成為兩人持續對談的起點，這也是很多電影情節中，男主角會觀

察女主角看了什麼文學作品，然後回家拼命閱讀該文學作品的內容，遍尋各方的評價，當下次兩人見面，看到女主角依舊拿著那本書的時候，就可以很有氣質地說：

「原來你也喜歡看這本書，我覺得這本書在××觀念中還蠻不錯的，對於我在○○領域中有許多啓發……」

這時候只見女主角抬起頭來仔細地端詳這位很少注意的男孩子，然後兩人就發展出一段刻骨銘心的交往過程。好像電影情節都是這樣子演的，在實際生活上這種創造共通性的方式也非常好用。

也許一開始不必聊那麼複雜的內容，像是找出一些偶然的相似點：

A：「老師，你博士班是哪一所學校畢業的？」

B：「中正啊！」

A：「這麼巧，老師，我也是中正畢業的耶！」

上述是與學歷有關的，也可以找一些與地點有關的，例如：

A：「您住哪裡啊？」

B：「我住在竹南。」

A：「好巧喔！我在竹南待過一年，那邊離新竹很近…」

B：「這麼巧，你當初在竹南做什麼？」

A：「我在………」

透過共通點的巧合，就可以一直延伸聊下去、不冷場。其他像是興趣、共同朋友、臉書最近有趣的貼文、最近熱門的新聞議題，大家都有接觸過的項目，可以創造出共同的話題，而且感覺很輕鬆，要延續話題也會比較容易[132]。

除了實際上的對話之外，也可以創造彼此才知道的「共同密碼」。如果在剛交往之初，可以與對方開開玩笑說為了溝通快速方便，我們來建立兩人的「共同密碼」吧！例如「老地方」就是信義路轉角的小咖啡店，搥胸口的動作代表我知道了，LU代表愛你，這些小暗語或動作，都有助於兩人建立私密管道而達成一體的狀況。

另外，也可以採用「模仿」的技巧，這是指學習別人的說話方式。但所謂學習別人的說話方式，並非像是模仿節目一樣，一定要追求100%的相同度，而是要模仿的讓人不自覺。像是有一樣的口頭禪，或者是說話的句型結構很相像，都可以建立一條心靈上的秘密通道，讓雙方不自覺地結合在一起，認為是共同團體的一份子。如果是餐廳的服務生，或許可以藉此得到更多的小費[133]；從談判的場合來看，也許對方就會更容易與你達成共識。

---

[132] 越智真人，《聊不停的聰明問話術》，第40頁。
[133] 許多國家有給小費的習慣，所以看到許多如何提高小費的實驗，像是碰觸客人一定時間，在結帳時給客人一個小笑話，都有助於提高小費的數額。

4 女人都喜歡拍照

在學生時代，存了很久的錢好不容易買了輛中古機車，以為就此可以約女同學出去玩，但很多時候，卻發現女生已經被別校男生約去「夜拍」。可憐的我，窮到連飯都沒得吃，好不容易有輛摩托車，卻發現有相機的更勝出，當時為了買了機車已經一窮二白，哪有錢再買相機找妹夜拍？

女性很喜歡拍照，或許是說留下人生最美的回憶，但很奇怪的一件事，幾乎從小到大就一直在保存美好的回憶，隨時都在自拍。因此，若男生以拍照為名，害羞內向的女性就可以有個好理由接受男生的邀約，而且這個理由很正當，不會讓雙方搞得很尷尬。因此以拍照為名，可以當作兩人交往的觸發點，但到底會不會正常交往，還是要看其他因素配合。

拿著攝影鏡頭，尤其是單眼的男生，說話該怎麼開場比較好？可以參照前面所說的「因為……所以……」句型，這時候女性通常很難拒絕，來舉一個例子如下：

> 男：因為我想去拍一些大自然為背景的人像攝影，你可以當我的 Model 嗎？
>
> 女：我不好看，怕會讓你的照片毀掉。
>
> 男：怎麼會，（心裡想的是，數位相機時代，毀掉就刪掉），之所以會找你外拍，就是因為你的輪廓屬於很上鏡頭的那種，而且你看起來很可愛、純真，拍出來的效果一定很棒。

經過這樣子的熱情邀約，不斷地鼓動、稱讚，並且拿出過去拍照的實績佐證，配合上「因為……所以……」的句型，相信成功的機率會比較高。再加上女生又蠻喜歡公開分享自己的美照，對幫她拍出美照的男生，當然就比較容易產生好感囉！拍完照，男生可別傻傻地就此拍手解散，再請她吃飯以表達感謝之意，就有進一步聚會的理由，一切都是那麼的順其自然。

　　有時候也搭配一些夜景的外拍，這樣子會更強化約出來的正當理由，已經不是單純拍人像照，除了請她回饋幫忙拍照、拿腳架，更重要的是，透過拍照的過程已經培養出雙方的默契。況且，夜拍通常會比較晚，除了美麗的市區燈光照之外，拍星空照更是要耗費很久很久的時間才能拍攝完成。甚至於是拍到最美的流星照，即使來不及拍到，至少可以一起看到流星許願，當對方問你許了什麼願望，你可以很自然地說：「希望能『一直』與你一同出來外拍。」流星是你們一起看到的，就只會成為你們兩人共同的記憶，在心靈上也不自覺地成為一個共通的通道。

　　一直，這兩個字代表穩定的承諾，一切就在不言中了。

5 | 共同凝視的魔力

你是否相信「一見鍾情」？

1989年的一項研究，克拉克大學（Clark University）心理學家詹姆斯‧萊德爾（James D. Laird）曾經做過一個隱藏性的實驗，對外宣稱是想要研究第六感，但是實際上卻是想要瞭解凝視對方的眼睛是否會產生愛意，例如凝視對方2分鐘，或數對方眨眼的次數。研究人員對受測者表示，本次實驗是有關於第六感的心電感應，測試之前必須先與另外一受測者培養默契，彼此花些時間看著對方，過一段時間再去進行假的心電感應測試。當假的心電感應測試完畢後，則評估雙方對於另一名測試者是否有好感。實驗結果果然如假設所預期，受測者會覺得完全陌生的實驗夥伴有吸引力，彼此產生好感[134]。

只是凝視也是一種技巧，如果技巧不好，可能會變得很怪、不禮貌，甚至於是一種威脅[135]。像是社會新聞上就常看到「互瞄不爽，踹門嗆聲，遭拖進KTV包廂砍死」、「不爽被瞄一眼，男子刀棍砍人」、「瞄我女友……火車上殺人判無期」，所以凝視對方還是必須謹慎為之，必須以對方同意為基礎，否則可能會有負面的效果。

---

[134] James Lewis, James D. Laird, Looking and loving: The effects of mutual gaze on feelings of romantic love.

[135] 參考Study about How Science Can Help People Fall in Love，http://thedivorcehelpclinic.com/worksheets/chemistryofattraction.html。

不只是剛認識的朋友，對熟稔的朋友也有很棒的效果。

我曾經找一些朋友做隱藏性的實驗，表面上是猜撲克牌的微表情練習，但實際上是進行「凝視實驗」，以避免凝視的過程造成尷尬。首先讓男生先抽取一張撲克牌，然後記得花色與數字，蓋放在桌上，然後由女生詢問一些問題，男生不能說話，女生只能夠憑藉著男生的臉部表情，尤其是眼神，試試看能否在10個問題以內猜到答案。例如：

❖ 你所抽的牌顏色花色是否為紅色？

❖ 你所抽的牌顏色是黑色，對嗎？

❖ 1～10是單純數字的牌，11～13是豐富花色的牌，你所抽的牌顏色沒有花色？

❖ 你所抽的牌數字大於7？

❖ 你所抽的牌數字是3？

電影「出神入化」中，四騎士之一的梅利‧麥金尼（Merritt McKinney），擅長催眠、讀心術。影片中在介紹這個角色時，場景是他在街頭扮演催眠師賺取生活費，但是賺錢手法惡劣，已經不是表演催眠術而根本是在恐嚇取財。有一次，在旅遊勝地遇到一對來遊玩的夫妻檔，催眠師麥金尼先把妻子催眠而雙腳不能動彈，但能聽、能看，然後利用微表情的判斷，猜出丈夫曾經與小姨子有一腿，妻子聽到了很生氣但因為雙腳不能動彈，只能在原地生氣地揮舞雙手作勢要打丈夫。

驚嚇到的丈夫只好同意麥金尼的恐嚇，拿出錢財消災，麥金尼收了錢，再次催眠妻子讓其忘記這些事情。

電影的劇情總是誇張許多，實際上的催眠術並沒有那個駭人。回到剛剛的撲克牌實驗，女生正高興地在猜測男生手底下蓋著的牌到底是什麼花色、數字的同時，其實也順勢被導入另一個真正要做的背景實驗。無論女生有沒有猜到，最多猜 10 次，猜完就換人。等到實驗結束後，也會很輕鬆地詢問對於彼此的看法，到底是正面印象居多，還是負面印象居多。

當然，答案跟你想得差不多，雙方對於彼此的印象都不錯。

〈 結 論 與 建 議 〉

◎ 有共同特徵的人，彼此之間比較願意幫忙。

◎ 特徵相同就代表是接近的族群，人是群聚的動物，所以會產生親切感。

◎ 聊天的時候，可以從共通點開始聊。

◎ 拍照、凝視遊戲，都可以促進彼此間的互動。

18 結論

　　很多宅男希望能有好的人際關係，當然也希望擁有吸引許多異性的魅力，即使是女生也是一樣，總是希望能有更多元的選擇，總是希望真正喜歡的對象也會喜歡自己，找到如何促進兩性互動的機制，成為這本「魅力學」的出發點。

　　但魅力的範疇並不僅僅是兩性的議題，工作中的長官部屬或同事之間的競爭合作關係，或者是大人小孩之間的教育關係，同學之間的友誼，也都相當重要。不可否認地，這本書對於兩性之間的互動有較多闡述，但希望能以這一個切入點為出發點，未來持續地蒐集分析各種領域相關的學術研究或前人寶貴的經驗，再透過個人的各種實證，把寶貴的成果透過出版的方式讓更多人知道，也讓這個世界更加地美好。

　　試想看看，透過一定的接觸，讓兩個人的情感能夠更進一步；透過框架效應的思考改變，先去除掉框架，才能夠更看人際關係的真正本質；或者是學到了專家思考OFF-LOADING效應的認識，即使聽到了專家所言還是會追根究柢。反之，則是建立自己的專業形象，提升自己在民眾間的可信賴程度；或者是有些細部的技巧，給個理由，來段「因為……所以……」的句型，就可以讓自己成功機率大增。

本書引用了許多經典且有趣的研究，主要是以大腦的運作為核心，讓讀者能夠以此為出發點，瞭解人性的運作方式，發現哪些行為表現比較能產生魅力，改進自己的缺點，以下有一張大腦運做特徵的圖表：

大腦演化後的主要特色

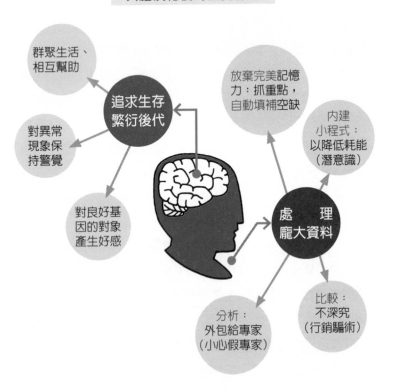

　　這一張圖表是整理許多研究資料後的心得，未來還有很大的調整空間，但對於建立改善自己魅力的基礎知識，已經有很顯著的效果。

　　本書提到有趣的研究，當你仔細地反覆思考或練習後，都有助於自己魅力的增長。或許你沒有時間自己研究許多學術期刊、實驗，也覺得市場上許多探討各種心理學、行為經濟學實驗的書，太過於理論化。未來，將前人各種領域研究出來的知識，透過人為操作加以實際驗證，將是值得期待成果的方向。

國家圖書館出版品預行編目(CIP)資料

圖解 魅力學：人際吸引法則／錢世傑著. -- 第一版.
-- 臺北市：十力文化，2015.10
　面；公分

ISBN　978-986-91959-2-8 (平裝)
1. 兩性關係　2. 行為心理學

544.7　　　　　　　　　　　　　　104019239

圖解魅力學：人際吸引法則

作　　者　錢世傑

責任編輯　吳玉雯
封面設計　陳琦男
書籍插圖　劉鑫鋒
美術編輯　陳瑜安

出 版 者　十力文化出版有限公司
發 行 人　劉叔宙
公司地址　11675台北市文山區萬隆街45-2號
通訊地址　11699台北郵政93-357信箱
電　　話　(02) 2935-2758
網　　址　www.omnibooks.com.tw
電子郵件　omnibooks.co@gmail.com
劃撥帳號　50073947

I S B N　978-986-91959-2-8
出版日期　2015 年 10 月
版　　次　第一版第一刷
書　　號　D508
定　　價　320元

十力文化出版有限公司　企劃部收

地址：台北郵政 93-357 號信箱

傳真：(02) 2935-2758

E-mail：omnibooks.co@gmail.com

　　無論你是誰,都感謝你購買本公司的書籍,如果你能再提供一點點資料和建議,我們不但可以做得更好,而且也不會忘記你的寶貴想法喲!

姓名/　　　　　　　　　性別/□女 □男　　　生日/　　　年　　　　月　　　　日
聯絡地址/　　　　　　　　　　　　　　　　連絡電話/
電子郵件/

職業/□學生　　　　□教師　　　　□內勤職員　　　□家庭主婦　　　□家庭主夫
　　　□在家上班族　□企業主管　　□負責人　　　　□服務業　　　　□製造業
　　　□醫療護理　　□軍警　　　　□資訊業　　　　□業務銷售　　　□以上皆是
　　　□以上皆非　　□請你猜猜看
　　　□其他:

你為何知道這本書以及它是如何到你手上的?
　　　請先填書名:
　　　□逛書店看到　　□廣播有介紹　　□聽到別人說　　□書店海報推薦
　　　□出版社推銷　　□網路書店有打折　□專程去買的　　□朋友送的　　□撿到的

你為什麼買這本書?
　　　□超便宜　　　　□贈品很不錯　　□我是有為青年　□我熱愛知識　□內容好感人
　　　□作者我認識　　□我家就是圖書館　□以上皆是　　　□以上皆非
　　　其他好理由:

哪類書籍你買的機率最高?
　　　□哲學　　　　　□心理學　　　　□語言學　　　　□分類學　　　□行為學
　　　□宗教　　　　　□法律　　　　　□人際關係　　　□自我成長　　□靈修
　　　□型態學　　　　□大眾文學　　　□小眾文學　　　□財務管理　　□求職
　　　□計量分析　　　□資訊　　　　　□流行雜誌　　　□運動　　　　□原住民
　　　□散文　　　　　□政府公報　　　□名人傳記　　　□奇聞逸事　　□把哥把妹
　　　□醫療保健　　　□標本製作　　　□小動物飼養　　□和賺錢有關　□和花錢有關
　　　□自然生態　　　□地理天文　　　□有圖有文　　　□真人真事
　　　請你自己寫: